ハイデルベルク（ドイツ、当時は西ドイツ）

第4回パラリンピック（1972年）

ミュンヘン（ドイツ、当時は西ドイツ）

第20回オリンピック（1972年）

ベルリン（ドイツ）

★第6回オリンピック（1916年） 第一次世界大戦で中止

第11回オリンピック（1936年）

ストックホルム（スウェーデン）

第5回オリンピック（1912年）

ヘルシンキ（フィンランド）

★第12回オリンピック（1940年）

第二次世界大戦で中止

第15回オリンピック（1952年）

モスクワ（ロシア、当時はソ連）

第22回オリンピック（1980年）

テルアビブ（イスラエル）

第3回パラリンピック（1968年）

アテネ（ギリシャ）

第1回オリンピック（1896年）

第28回オリンピック（2004年）

第12回パラリンピック（2004年）

ローマ（イタリア）

第17回オリンピック（1960年）

第1回パラリンピック（1960年）

ロシア

中国

オーストラリア

北京（中国）

第29回オリンピック（2008年）

第13回パラリンピック（2008年）

ソウル（韓国）

第24回オリンピック（1988年）

第8回パラリンピック（1988年）

東京（日本）

★第12回オリンピック（1940年）

日中戦争で返上

第18回オリンピック（1964年）

第2回パラリンピック（1964年）

第32回オリンピック（2020年予定）

第16回パラリンピック（2020年予定）

メルボルン（オーストラリア）

第16回オリンピック（1956年）

シドニー（オーストラリア）

第27回オリンピック（2000年）

第11回パラリンピック（2000年）

3つの東京オリンピックを大研究②

1964年はじめての東京オリンピック

監修:日本オリンピック・アカデミー

岩崎書店

もくじ

第1章 焼け野原からの出発

広島に原爆投下

▲湯川秀樹

▲オリンピック・ローマ大会

第2章 準備は急ピッチですすむ

▶代々木競技場の第一体育館

▲選手村の女性警備員

第3章 東京オリンピック開幕

▲聖火ランナー

▲車いすバスケットボール

写真：表紙／東京大会開会式で空にえがかれた5つの輪（上）、開会式の入場行進（下左）、聖火台に点火（下中）、集団就職（下右）　裏表紙／東京開催決定に喜ぶ人びと　扉／開会式の入場行進

第1章

焼け野原からの出発

1945年　日本が降伏

アジア・太平洋戦争が終わる

1941(昭和16)年12月8日、日本軍はアメリカの艦隊がとまっていたハワイの真珠湾を攻撃し、アメリカに宣戦布告しました。アジア・太平洋戦争の始まりです。当初は東南アジアや太平洋の島じまに向けて快進撃をはたし、次つぎに支配下におさめていきました。しかし1942年6月、中部太平洋のミッドウェーの海戦でアメリカ軍にやぶれてから、日本軍は後退戦をしいられ、ついに1944年11月、本土への空襲が始まりました。そして1945年3月9日の深夜から10日にかけて、アメリカの爆撃機B29の大編隊が東京の下町一体に焼夷弾を投下し、市街地

◀**1945年3月の大空襲で焼け野原となった東京の下町の工場地帯**　上方を流れる川は隅田川。(朝日新聞社)

▲**原子爆弾を投下された広島の爆心地の近く**　広島県産業奨励館の壁の一部と、ドームの鉄枠だけが残された。この原爆ドームは、1996年、ユネスコの世界遺産に登録された。

(広島平和記念資料館　撮影／米軍)

▲**天皇の「玉音放送」にききいる人びと**
1945年8月15日、天皇はラジオで日本が降伏したことをつげた。
(共同通信社)

の約4割を焼け野原にして、約10万人もの死者を出しました。つづいて5月には東京の山の手が空襲を受け、多くの人びとが焼けだされました。そのほか横浜や名古屋、大阪、神戸などの大都市をはじめ地方都市も無差別の爆撃を受け、多くの都市が破壊されました。

8月6日には、広島に原子爆弾が落とされ、爆心近くの半径約500mは強烈な熱線、放射線、爆風でもって一瞬のうちに破壊されました。その年の終わりまでに約14万人が亡くなりました。つづいて8月9日、今度は長崎に原子爆弾が落とされ、その年の終わりまでに約7万4000人もの死者を出しました。

追いつめられた日本は、1945年8月15日、米英中ソ*の連合国軍が降伏をすすめるポツダム宣言を受けいれて、無条件降伏することを決意し、天皇が国民にラジオで伝えました。こうして3年9か月にわたるアジア・太平洋戦争は終わりました。戦後の日本は、この焼け野原から出発したといえるでしょう。

*米英中ソ：アメリカ、イギリス、中国、ソ連

▲憲法公布の祝賀会　1946年11月3日、東京の皇居前広場で祝賀都民大会がおこなわれ、天皇・皇后をはじめ10万人もの人びとが参加し、新憲法の公布をいわった。（共同通信社）

1946～1949年　新たなスタート

日本国憲法を公布

無条件降伏をした日本は、連合国軍最高司令官総司令部（GHQ）の占領下におかれ、その指導のもと、民主化改革を進めました。1945（昭和20）年10月、日本はそれまでの大日本帝国憲法（明治憲法）にかえて新しい憲法づくりを開始。1946年11月3日、国民を主権者として天皇を国民の象徴とすること（国民主権）、戦争を放棄すること（平和主義）、すべての国民が人間らしく生きる権利をもつこと（基本的人権の尊重）の３つの原則をもりこんだ日本国憲法が公布されました。この新憲法は翌1947年5月3日に施行されました。これを機に、日本は戦後をスタートしたといえるでしょう。

食糧不足でひもじい思い

長い戦争が終わってほっとしたとはいえ、1945年秋は米が不作で、そのうえ海外からの引揚者があいついで帰国したため、日本はたちまち食糧不足におちいりました。都市に住む人びとは、着物や家財道具などをリュックにつめて農村に出むいて、米や野菜と交換してもら

い、なんとか飢えをしのいでいました。

1946年5月19日、皇居前広場で食糧メーデーが開かれました。食べ物をもとめる人たち約25万人が集まり、「米をよこせ」などと書いた旗をかかげて、政府にうったえたのです。この大会には子どもたちも参加して空腹をうったえました。

湯川秀樹、ノーベル賞を受賞

1949年11月、「中間子」の存在を予言した物理学者の湯川秀樹が、ノーベル物理学賞を受賞しました。湯川は1935年、原子核の陽子と中性子のあいだに、それらをむすびつける粒子の存在を予言し、それを中間子と名づけました。その存在が1947年に確認されたために受賞となったのです。日本人では初のノーベル賞受賞で、敗戦で打ちひしがれていた多くの人びとに、夢と自信をあたえました。

▲湯川秀樹と小学生たち ノーベル賞を受賞して帰国した湯川は、母校の京都市立京極小学校をおとずれた。(共同通信社)

古橋が水泳で世界新記録

1948年7月、イギリスの首都ロンドンで、第二次世界大戦後初のオリンピックが開かれました。参加国は59か国でしたが、敗戦国のドイツや日本は参加をみとめられませんでした。そこで日本水泳連盟は、オリンピックで競泳がおこなわれる日にあわせて、日本選手権水上競技大会を開きました。その大会の1500m自由形で古橋廣之進と橋爪四郎がオリンピックの金メダリストよりもはやい世界新記録を出しましたが、公式記録とはみとめられませんでした。

1949年8月、ロサンゼルスの全米水泳選手権大会に古橋や橋爪ら6人の選手が招待されました。このときGHQの最高司令官マッカーサーは「徹底的にアメリカ選手をやっつけろ。少しでも手心をくわえるな」と言って、選手らを送りだしました。

大会の初日、1500m自由形で古橋と橋爪は1位と2位を独占。その後も古橋は400m自由形、800m自由形でも世界記録を樹立し、アメリカの新聞から「フジヤマのトビウオ」とよばれ絶賛されました。古橋や橋爪らの活躍は、毎日を必死の思いで生きている多くの日本人に、勇気と希望をあたえました。

(共同通信社)

▲古橋廣之進(左)と橋爪四郎 ロサンゼルスでおこなわれた全米水泳選手権大会の男子1500m自由形で、古橋は優勝した。ともに日本大学の水泳部だった。

▲朝鮮半島の西海岸にある仁川に上陸するアメリカ軍　次つぎに上陸するトラックや兵器、そして兵士たち。(PPS通信社)

1950〜1952年　戦後復興のきざし

朝鮮戦争始まる

1945(昭和20)年8月、朝鮮半島は北緯38度線をさかいに、北をソ連軍が占領し、南をアメリカ軍が占領しました。そして1948年、北には朝鮮民主主義人民共和国(北朝鮮)が、南には大韓民国(韓国)が成立しました。ところが1950年6月、北朝鮮軍が北緯38度線をこえて韓国に侵入し、朝鮮戦争が始まりました。

はじめはソ連の支援をうけた北朝鮮軍が優勢でしたが、アメリカは日本に駐留しているアメリカ軍を朝鮮半島におくり、つづいて国際連合も国連軍を派遣し、中国の国境付近までせめあがりました。すると今度は北朝鮮軍に中国人民義勇軍がくわわり、ふたたび韓国にせめ入り、北緯38度線付近で膠着状態となりました。1953年7月、休戦協定がむすばれましたが、この戦争での韓国と北朝鮮の死者は120万人以上にのぼるといわれています。

まめ知識　日本、特需景気にわく

アメリカ軍が朝鮮半島に出動すると、日本は戦争で必要な物資の補給基地となりました。土のう用の麻袋や有刺鉄線、軍用トラックなどの注文が大量にきたうえ、戦車や軍用機などの修理もあいつぎました。日本はこの戦争による特別需要(特需)にわき、経済は息をふきかえしました。

▶アメリカ軍の戦闘機の修理　(毎日新聞社)

サンフランシスコ条約調印

1951年9月、アメリカのサンフランシスコで対日講和会議が開かれ、連合国48か国と日本とのあいだで、平和条約が調印されました。連合国と日本との戦争状態を終わらせ、日本の独立を決めるための会議です。この条約により、日本は朝鮮の独立を承認し、台湾、南樺太などの戦前の領土を手放しました。沖縄などの南西諸島や小笠原諸島は、アメリカの信任統治のもとにおかれることになりました。

同じ日、日本とアメリカのあいだで日米安全保障条約が調印され、アメリカ軍が日本国内に駐留することをみとめました。アメリカの軍事力によって国の安全を守ろうとしたのです。

白井義男、日本初の世界チャンピオン

1952年5月、東京後楽園スタジアムで、プロボクシングの世界フライ級タイトルマッチがおこなわれ、白井義男がチャンピオンのダド・マリノをやぶり、日本初の世界チャンピオンとなりました。白井はこののち、4度の防衛をはたし、日本人に「希望の光」をあたえました。

◀**ダド・マリノ(アメリカ)と打ちあう白井義男(左)** 白井を指導したのは、GHQの職員アルビン・カーン博士。食事から健康管理、科学的なトレーニングにいたるまで徹底した指導をほどこした。(共同通信社)

オリンピック・ヘルシンキ大会開催

1952年7月19日、フィンランドの首都ヘルシンキで、第15回オリンピック大会が開かれました。参加国は69か国で、日本からは72名の選手が参加しました。日本は第二次世界大戦後、初の参加です。

古橋廣之進や橋爪四郎らがあいついで世界新記録をだしていた競泳は、鈴木弘の100m自由形、橋爪の1500m自由形、800mリレーで銀メダルを獲得しただけでした。日本に金メダルをもたらしたのは、レスリングの石井庄八で、日本のレスリングは一気に注目をあびました。

日本選手団の行進 (PK)

◀**胴上げされる石井庄八**
(共同通信社)

○ヘルシンキ大会での日本のメダリスト

競技	種目	選手	メダル
競泳	男子 100m 自由形	鈴木弘	銀
	男子 1500m 自由形	橋爪四郎	銀
	男子 800m リレー	鈴木弘、浜口喜博、後藤暢、谷川禎次郎	銀
体操	男子種目別徒手(ゆか)	上迫忠夫	銀
	男子種目別跳馬	竹本正夫	銀
		上迫忠夫	銅
		小野喬	銅
レスリング	フリースタイル・フライ級	北野祐秀	銀
	フリースタイル・バンタム級	石井庄八	金

テレビ本放送開始

1953(昭和28)年2月1日午後2時から、NHKが日本初のテレビの本放送を開始しました。この日の番組は開局祝賀式のようすや舞台劇の中継、漫才、現代舞踏などでした。このときの受信契約者は866件。テレビ受像機の値段は17インチで18万円。当時のサラリーマンの1年か2年分の給料にあたる高価な値段でした。

この年の8月28日には、民間放送の日本テレビが放送を開始しました。そのとき、都内や近郊のおもな広場など50か所あまりに、テレビ受像機をおきました。この街頭テレビの前には、毎日、黒山のような人だかりができました。なかでもプロボクシングの白井義男のタイトルマッチや、プロレスリングの力道山が登場する試合の中継に、人びとは大歓声をあげました。

テレビ受像機は次第に買いやすい値段になり、1960年ごろにはテレビの普及率は50％にたっしました。

まめ知識　三種の神器で家電ブーム

テレビ放送が始まるころから、デパートや電気店でテレビや電気洗濯機、電気冷蔵庫などが見られるようになった。これら3つの家庭電化製品は、「三種の神器」とよばれ、1955年の流行語に。やがて電気掃除機や完全自動炊飯器なども家庭に広まり、家事に多くの時間をとられていた主婦の労働を軽くすることになった。

▶テレビと電気冷蔵庫、電気洗濯機。(昭和館)

▼街頭テレビを見に集まる人びと
1954年、東京の繁華街で。(毎日新聞社)

日本、国際連合に加盟

1956年12月18日、国際連合(国連)の総会で、日本の国連加盟が全会一致で決まりました。80番目の加盟国です。これにより、日本は1933年に国際連盟を脱退してから23年ぶりに国際社会に復帰することとなりました。総会に出席した重光葵外務大臣は、「日本は東西のかけ橋となって、国連の崇高な目的である世界平和のために寄与したい」とのべました。

1952年の講和条約発効により独立を達成した日本は、国連加盟を申しいれていましたが、ソ連が拒否権を使って否決されていました。そこで1956年10月、鳩山一郎首相がモスクワに行き、日ソ共同宣言に調印。戦争状態を終わらせ、国交を回復し、日本の国連加盟を支持することなどが交わされました。こうして日本の国連加盟が実現したのです。

オリンピック・メルボルン大会開催

1956年11月22日、オーストラリアのメルボルンで、第16回オリンピック大会が開かれました。参加国は67か国で、日本は117名の選手が参加しました。

前回のヘルシンキ大会で振るわなかった競泳は、男子平泳ぎ200mで古川勝が金メダルをとったのをはじめ、銀メダル4個を獲得するなど、水泳日本の名を高めました。

体操では小野喬が鉄棒で金メダルを獲得したほか、個人総合と団体、あん馬で銀メダル、平行棒でも銅メダルと、大活躍をしました。レスリングは笹原正三がフリースタイルのフェザー級で、池田三男が同ウェルター級で金メダルを獲得するなど活躍。日本はあわせて金メダル4個、銀メダル10個、銅メダル5個の大躍進をはたしました。

◀競泳の男子200m平泳ぎで力泳する古川勝。(PK)

◀レスリングの笹原正三(左) (PK)

○メルボルン大会での日本のメダリスト

競技	種目	選手	メダル
競泳	男子 400m 自由形	山中毅	銀
	男子 1500m 自由形	山中毅	銀
	男子 200m 平泳ぎ	古川勝	金
		吉村昌弘	銀
	男子 200m バタフライ	石本隆	銀
体操	団体	小野喬、竹本正男、河野昭、相原信行、塚脇伸作、久保田正躬	銀
	個人総合	小野喬	銀
	種目別徒手（ゆか）	相原信行	銀
	種目別あん馬	小野喬	銀
	種目別つり輪	久保田正躬	銅
		竹本正男	銅
	種目別平行棒	久保田正躬	銀
		小野喬	銅
		竹本正男	銅
	種目別鉄棒	小野喬	金
		竹本正男	銅
レスリング	フリースタイル・フェザー級	笹原正三	金
	フリースタイル・ライト級	笠原茂	銀
	フリースタイル・ウェルター級	池田三男	金

皇太子ご成婚でミッチーブーム

1958(昭和33)年11月、皇太子明仁親王(現在の天皇)と正田美智子さんとの婚約が発表されると、「民間出身の皇太子妃誕生」、「昭和のシンデレラ」として、国民の人気の的となりました。彼女が身につけていた服装やヘアバンド、ブローチなどが大流行し、全国でミッチーブームがわきおこりました。

翌1959年4月10日、皇居の賢所で結婚の儀がとりおこなわれました。その日の午後、皇居から東宮仮御所までの約9km、ご夫妻をのせた6頭立ての馬車を中心とするパレードがおこなわれ、50万人をこす人びとが沿道をうめました。

この式とパレードのようすは、テレビを通じて全国に中継され、多くの人がテレビの前にくぎづけとなりました。この日のためにテレビを買う人も多く、テレビは急速に普及しました。

まめ知識　東京タワーが完成

1958年12月23日、東京タワーが完成した。高さは333mで、フランスのパリにあるエッフェル塔をぬいて世界一となった。東京にあるテレビ局の電波を各地に発信・中継する拠点としてたてられたもので、テレビ時代のシンボルとしてだけでなく、日本の経済発展のシンボルとしてそびえたち、東京の新名所となる。

◀**東京タワー**　150mの展望台までエレベーターでのぼれた。(共同通信社)

皇太子ご夫妻の結婚パレード　人びとからおくられる祝福の声に、お二人は手をふってこたえられた。(共同通信社)

第3回アジア大会、東京で開催

1958年5月24日、東京・千駄ヶ谷の国立霞ヶ丘陸上競技場(国立競技場)で、第3回アジア競技大会が開かれました。アジアの20か国が参加し、9日間にわたり、15種目の競技が行われました。この大会にあわせて、日本は東京で国際オリンピック委員会(IOC)の総会を開くことを要請し、ブランデージ会長をはじめIOC役員を東京に招きました。1年3か月の短期間で完成させた国立競技場を見た多くの役員は、絶賛の声をあげました。

◀**アジア大会の入場行進** 新たにできた国立競技場は5万2000人を収容できた。(共同通信社)

まめ知識 少年週刊誌あいつぎ創刊

1959年3月、講談社から少年向けの週刊誌『少年マガジン』、小学館から『少年サンデー』が創刊された。どちらも漫画は5本で、野球や、すもうなどのスポーツ、科学、小説などの読み物に多くのページをさいていた。

◀**『少年マガジン』と『少年サンデー』の創刊号** (講談社/小学館)

開催地、東京に決定!

1959年5月23日、ドイツのミュンヘンで第55回IOC総会が開かれ、第18回オリンピック開催地のプレゼンテーションがはじまりました。日本の立候補の趣意説明は、NHKの解説者として出席していた平澤和重がおこないました。もち時間は45分でしたが、原稿を書き直して15分に短縮して演説しました。

日本の小学校6年生の国語の教科書をかかげ「ここにはクーベルタン男爵の生涯がのっています。日本ではこのように義務教育でオリンピックのことを教えていますから、全国民がオリンピック精神を理解しています」と語りかけました。そして「人間同士のつながりには直接会うことが一番です。それこそが平和のいしずえではないでしょうか。西欧で開いた花を東洋でも咲かせていただきたいです」と結びました。

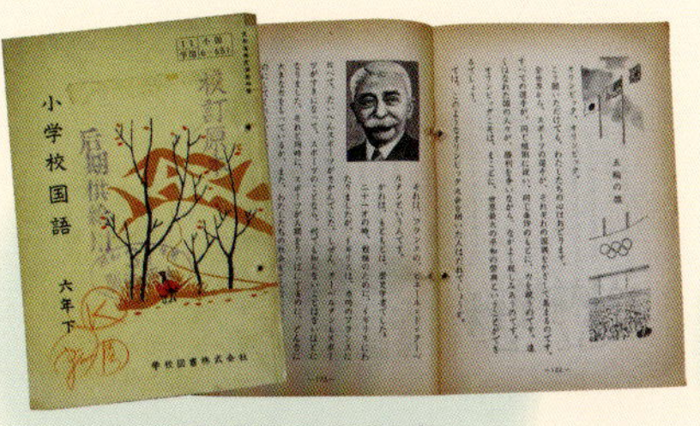

▲**小学校国語の教科書** (学校図書(株))

短くわかりやすくまとめられた演説が終わると、会場は拍手の嵐に包まれました。3日後の投票では、デトロイト10、ウィーン9、東京34の結果が出て、1964年の第18回オリンピック大会は東京に決定したのでした。

▲**東京開催の決定に喜ぶ人びと** (PK)

オリンピックの東京招致につくした人たち

田畑政治

1898～1984年

オリンピック招致の夢を実現

静岡県浜松市生まれ。浜名湖では、浜松中学校(現在の浜松北高)の卒業生たちが中心となって水泳の訓練がおこなわれていました。田畑は一高、東京帝国大学をへて、1924年、朝日新聞社に入り、政治記者となりました。そのかたわら、水泳指導にも力をつくしました。

1922年には全国学生水上競技連盟を結成し、専用プールをつくること、信頼できる監督をおくことなど、若手水泳選手の強化をはかりました。アムステルダム大会(1928年)では、水泳で初の金メダルを獲得、その後もロサンゼルス大会(1932年)、ベルリン大会(1936年)でも日本水泳陣はめざましい活躍をとげ、水泳大国日本の名をとどろかせました。

戦後は「敗戦で打ちひしがれている日本人に祖国再建の気概をもってほしい。そのためにはなんとか東京でオリンピック開催を」と熱望し、精力的にはたらきかけました。1948年、日本水泳連盟会長に就任。ロンドン大会(1948年)への参加はできませんでしたが、田畑はオリンピックで水泳競技がおこなわれた当日、日本選手権水上競技大会を開き、古橋廣之進ら日本選手の実力を世界に知らしめました。翌1949年、国際水泳連盟に復帰し、アメリカのロサンゼルスでおこなわれた全米水泳選手権大会では、日本選手の活躍を世界にアピール。ヘルシンキ大会(1952年)で日本選手団の団長をつとめた田畑は、東京開催の可能性を確信し、招致活動にも積極的にかかわりました。1958年、東京オリンピック準備委員会を設立し、その中心人物として活動しました。アメリカ在住の日系二世フレッド・イサム・ワダを中南米各国に送り、各国の票を集めてもらったのもそのひとつです。1959年5月、東京開催が決定されると、田畑はオリンピック組織委員会の事務総長となり開催にむけて尽力します。当時、躍進がめざましい女子バレーボールに着目し、それを正式種目とすることにも力をつくしました。

1973～1977年には日本オリンピック委員会(JOC)の委員長をつとめ、生涯にわたって日本の水泳、スポーツ、そしてオリンピック発展のためにつくしました。

▲天皇・皇后両陛下に解説をする田畑政治　(共同通信社)

フレッド・イサム・ワダ

1907～2001年

中南米諸国の票を集めた

アメリカのワシントン州に生まれる。日系二世。日本名は和田勇。両親は小さな食堂を経営していたが、貧しかったため、4歳のころ両親の実家がある和歌山県御坊市に移りました。9歳のときにアメリカにもどり、農園ではたらきながら学校に通いました。17歳のとき、農産物を販売するチェーン店ではたらき、1年で店長になりました。19歳のころ、オークランド市内に野菜を売る青果店を開き、品ぞろえなどに工夫をして店は大繁盛。第二次世界大戦後、ロサンゼルスにスーパーマーケットを開き、成功をおさめました。

1949年、ロサンゼルスで開かれた全米水泳選手権大会に出場する日本選手団のために、宿舎として自宅を提供しただけでなく、三度の食事、会場への送迎など、すべての面倒をみました。古橋廣之進や橋爪四郎があいついで世界記録を樹立すると、これまで「ジャップ」とさげすまれていた日本人は「ジャパニーズ」としてどうどうと街を歩くことができると喜びました。

1958年、東京招致にむけた準備委員会ができると、ワダは田畑らにこわれて委員に就任。中南米諸国をおとずれ、各国のIOC委員らに東京招致への協力をお願いしてまわりました。しかも、その旅費はすべてワダが負担しました。開催地の東京決定に、ワダのはたした力は無視できません。

▲水泳選手をはげますフレッド・イサム・ワダ　1949年の全米水泳選手権で。右がワダ、中央が古橋、その左が橋爪。

八田一朗　1906〜1983年

日本レスリング界の父

広島県江田島町(現代の江田島市)生まれ。早稲田大学に入学し柔道部に所属。講道館の5段を取得しました。1929年に柔道部の一員としてアメリカ遠征をおこないましたが、レスリング選手との試合にやぶれたことから、柔道にレスリングの技術を取りいれることを始めました。1931年、大学にレスリング部を創設し、1932年のロサンゼルス大会には、レスリングは八田をふくめて6人が参加しましたが、外国人選手に圧倒されました。それを反省し、アメリカで修行を重ね、帰国後は早稲田大学の大隈講堂のすみにレスリング専用道場をつくり、練習にはげみました。

アジア・太平洋戦争中は中国で兵役につき、戦後、日本レスリング協会の会長に就任。日米対抗試合を開くなど、積極的に外国の選手と対戦し、技術の習得をはかりました。1952年、オリンピック・ヘルシンキ大会では、監督として日本チームをひきいて参加。石井庄八が戦後初の金メダルを獲得しました。次のメルボルン大会では金メダル2個、銀メダル1個を獲得し、日本レスリングの名を一気に高めました。更なるメダルの獲得が期待された次のローマ大会では全階級に計16名を派遣しましたが、銀メダル1個だけで惨敗。それを恥じて、八田ほか選手一同、髪の毛をそり丸坊主になりました。

八田イズム

一.負けた理由を探すな
二.完全フォール勝ちを狙え
三.左右の平均
四.夢の中でも勝て
五.苦手の克服
六.ベン学の勧め
七.礼儀の重要性
八.マスコミを味方にしろ

八田の指導は「八田イズム」とよばれる徹底したスパルタ方式でしたが、外国人に勝てるような「正しい技術の練磨」というように、合理的なトレーニングを推奨しました。ときには「ライオンとにらみあって精神をきたえよ」というユニークな練習も取りいれ、勝負の場では決してひるまない精神力をやしないました。こうしてのぞんだ東京大会では、金メダル5個を獲得し、レスリングを日本のお家芸として確立させました。

なお、八田は1958年、ワダが出発する4か月前、東京都議会の議員で招致委員会実行委員長の北島義彦と中南米諸国をめぐり、ブラジルなどのIOC委員から東京を支持するという約束をえてきました。

1965年には参議院議員に当選し、初のスポーツ議員として、日本のスポーツ発展につくしました。

(毎日新聞社)

▲皇太子ご夫妻に解説をする八田一朗(左)　1964年の東京オリンピックで。(PK)

▲**国会をとりかこむデモ隊**　6月18日、数十万人が新安保条約反対のデモに参加した。（共同通信社）

1960年　政治から経済の季節へ

日米安保条約反対闘争

1960（昭和35）年1月、アメリカの首都ワシントンで、岸信介首相が新しい日米安全保障条約に調印しました。これはアメリカ軍の日本駐留を定めた条約でしたが、在日アメリカ軍が攻撃された場合、日本もともに行動することをつけくわえたもので、国内では「新しい条約は日本を再び戦争にまきこむおそれがある」と、反対運動がおこりました。

2月から始まった国会での審議は大荒れとなり、5月19日の深夜、与党の自由民主党は警官隊を国会に入れて、反対する野党の抵抗をおさえ、単独で採決を強行しました。これに抗議する人びとは、連日、国会をとりかこみ、反対の声をあげました。6月15日、デモ隊が国会構内に突入しようとして警官隊と衝突し、乱闘のさなか、東京大学の女子学生が亡くなりました。

条約が成立する前日の6月18日、国会周辺は抗議をするデモ隊でうまりましたが、19日午前0時に新条約は自然成立しました。その後、この混乱の責任をとって、岸内閣は総辞職をし、池田勇人が首相になりました。

所得を倍にすると発表

1960年12月、池田首相は「国民所得倍増計画」を発表しました。10年間で国民総生産（GNP）と、一人あたりの国民所得を倍にしようという計画です。政府はこの目標を達成するために、工業の振興をはじめ道路や電気通信施設などの建設のために、巨額の公共投資をおこないました。こうした政策により経済は発展し、1968年には日本のGNPはアメリカについで第2位に。一人あたりの国民所得は、1960年度は14万5000円だったのが、1970年度には59万円となり、倍増をはるかに上回ったのです。

オリンピック・ローマ大会開催

1960年8月25日、イタリアの首都ローマで第17回オリンピック大会が開かれました。参加国は83か国で、日本からは167人の選手が参加しました。

期待以上の活躍を見せたのは体操男子です。団体でソ連をやぶって初優勝をはたしたほか、小野喬が個人総合で銀、跳馬と鉄棒でも金メダルを獲得。徒手では相原信行が金メダルを獲得するなど、体操だけで9個のメダルをえて、「体操ニッポン」の名を高めました。

競泳男子は200m平泳ぎで大崎剛彦が銀、400m自由形で山中毅が銀、800mリレーでも銀メダルを獲得しました。そのほか、重量挙げで三宅義信が銀メダルを獲得するなど、日本初のメダルをもたらした競技もありました。

▲体操男子団体で優勝した日本　（共同通信社）

日本は金メダル4個、銀メダル7個、銅メダル7個をとり、4年後の東京大会へむけて期待をふくらませました。

◀山中毅とローズ　競泳の男子400m自由形でライバルのローズとせりあって銀メダルを獲得した山中（右）。（PK）

○ローマ大会での日本のメダリスト

競技	種目	選手	メダル
競泳	男子400m自由形	山中毅	銀
	男子200m平泳ぎ	大崎剛彦	銀
	男子800mリレー	福井誠ほか*1	銀
	男子400mメドレーリレー	富田一雄ほか*2	銅
	女子100m背泳ぎ	田中聡子	銅
ボクシング	フライ級	田辺清	銅
体操	団体	竹本、小野、相原、遠藤、三栗、鶴見	金
	個人総合	小野喬	銀
	種目別徒手（ゆか）	相原信行	金
	種目別あん馬	鶴見修治	銅
	種目別つり輪	小野喬	銅
	種目別跳馬	小野喬	金
	種目別平行棒	小野喬	銅
	種目別鉄棒	小野喬	金
		竹本正男	銀
レスリング	フリースタイル フライ級	松原正之	銀
重量挙げ	バンタム級	三宅義信	銀
射撃	フリーピストル	吉川貴久	銅

＊1：男子800mリレーはほかに石井宏、山中毅、藤本達夫。＊2：男子400mメドレーリレーはほかに大崎剛彦、開田幸一、清水啓吾。

パラリンピックまめ知識　第1回パラリンピック開催

1948年、イギリスのストーク・マンデビル病院でユダヤ系ドイツ人医師のルートヴィッヒ・グットマンが、16人の車いす患者によるアーチェリー大会を開きました。1960年、グットマンを会長とする国際ストーク・マンデビル大会委員会が設立され、オリンピックが終わったあとのローマで、国際ストーク・マンデビル大会を開催。23か国から400人の脊椎損傷者が参加し、アーチェリー、車いすバスケットボールなど8競技がおこなわれました。

関係者はこの大会を「パラプレジック・オリンピック（対麻痺者のオリンピック）とよび、のちに第1回パラリンピックとよばれるようになりました。

東京都の人口、1000万人を突破

1962(昭和37)年2月、東京都は都の常住人口が1000万人をこえ、世界初の1000万都市が誕生したことを発表しました。当時、世界第2位はニューヨークの778万人でした。

敗戦直後の東京都の人口は348万人でしたが、復興とともに増加し、1955年には800万人をこえました。他の都道府県から入ってきた製造業やサービス業への従事者が多くをしめていました。

人口がふえるとともに、都内のおもな鉄道駅では、朝夕の通勤時間になると大混雑をきたし、「ラッシュアワー」とよばれました。鉄道員のなかには、電車に乗ろうとする人を、後ろからおす「しりおし部隊」ができました。

中学卒業者がピークに

高度経済成長とともに、大都市の製造業や商店、サービス業は人手がたりなくなり、中学を卒業した若い働き手を地方からもとめるようになりました。求人倍率は3倍をこえたといわれています。このころの中学卒業者の初任給は、大学卒業者の約半分で、もとめる側も積極的にやとったのです。そのため、中学卒業者は「金の卵」とよばれ、その言葉は1964年の流行語となりました。

おりしも、戦後生まれのベビーブームの世代が中学を卒業するころで、多くの卒業者が地方を発って、東京や大阪、名古屋などの大都市に向かいました。彼らを運ぶ臨時列車も用意され、集団就職列車とよばれました。

▲集団就職で上野駅に到着した人たち　(共同通信社)

まめ知識　坂本九の『スキヤキ』全米1位に

1963年に歌手の坂本九が歌う『上を向いて歩こう』が、アメリカで『スキヤキ』の名で発売され、全米で大ヒット。6月、ヒット曲を順位づけるビルボードで3週続けて第1位となりました。この歌は、永六輔作詩、中村八大作曲により1961年に発表され、日本でもヒットしていました。

◀ゴールドレコードを受けとる坂本九　100万枚を突破した記念に作られたレコード。(共同通信社)

まめ知識　『鉄腕アトム』テレビ放送開始

1963年1月、国産のテレビアニメ第一号「鉄腕アトム」がフジテレビから放映されると、たちまちヒットしました。漫画『鉄腕アトム』は、手塚治虫が漫画雑誌『少年』に連載していた作品で、ロボットのアトムが活躍するストーリーです。

◀テレビアニメの『鉄腕アトム』

(©手塚プロダクション・虫プロダクション)

プレオリンピック開催

1963年10月11日、国立競技場で東京国際スポーツ大会が開催されました。日本選手3000人のほか、世界36か国から約620人が参加。16日まで20種目がおこなわれました。1年後のオリンピック東京大会に向けての本番リハーサル(プレオリンピック)と日本選手の強化をかねたもので、陸上女子80m障害で依田郁子が優勝し、陸上種目への期待を高めました。

東京大会直前の地震と水不足

開催まで4か月にせまった1964年6月16日、新潟県の村上市沖を震源とするM7.5の新潟地震が発生し、新潟市は震度5の強震を記録しました。市内では昭和石油のタンクが爆発し、炎はまわりの民家にも燃え広がりました。地盤の液状化により、市内の橋がこわれ、鉄筋アパートがたおれるなど、大きな被害をもたらしました。1時間40分後には津波が発生し、約1万5000戸が浸水しました。この地震による死者は26人、負傷者は447人、被災者は新潟、秋田、山形県などで8万6000人をこえました。

この年の梅雨は雨がふらず、東京都は水不足におちいり、7月21日、節水を実施。都内の小中学校はプールの給水をとめました。8月6日、都内17区で1日15時間の断水を開始、神宮外苑のプールも使えなくなりました。水のない長く暑い夏を過ごしたことから「東京砂漠」の名が生まれました。ようやく9月末になって雨が降りつづき、水不足は解消。オリンピック関係者はほっと胸をなでおろしました。

五輪まめ知識 もりあがるオリンピックムード

東京オリンピックの開幕日が近づくにつれ、駅や公共機関などでオリンピックのポスターが目につくようになった。デパートや商店街にはオリンピックに関連した商品があふれ、記念の展示会やイベントなどもよおされ、オリンピック気分は一気にもりあがった。

▲上野公園の入口に立てられたオリンピックのポスター (PK)

◀オリンピックの看板をかかげた上野松坂屋 (PK)

第2章

準備は急ピッチですすむ

競技場の整備・建設

国立競技場の拡張工事

東京・千駄ヶ谷にある国立霞ヶ丘競技場・陸上競技場(国立競技場)は、1958(昭和33)年3月、明治神宮外苑競技場のあとに完成しました。第3回アジア大会が東京で開かれることが決まり、すぐさま、そのメイン会場として、1957年1月に着工し、1年3か月の突貫工事でたてられたのです。

収容人員は約5万人。アジア最大の規模と設備をほこったこの会場で、アジア競技大会が開かれると、会場をおとずれた国際オリンピック委員会(IOC)の委員たちは口ぐちに称賛しました。翌年の5月、IOC総会で東京での開催が決まると、

◀国立競技場　長径262m、短径(短いほうの直径)213m。2014年5月31日、最終日の催しを開いて幕をとじた。(PK)

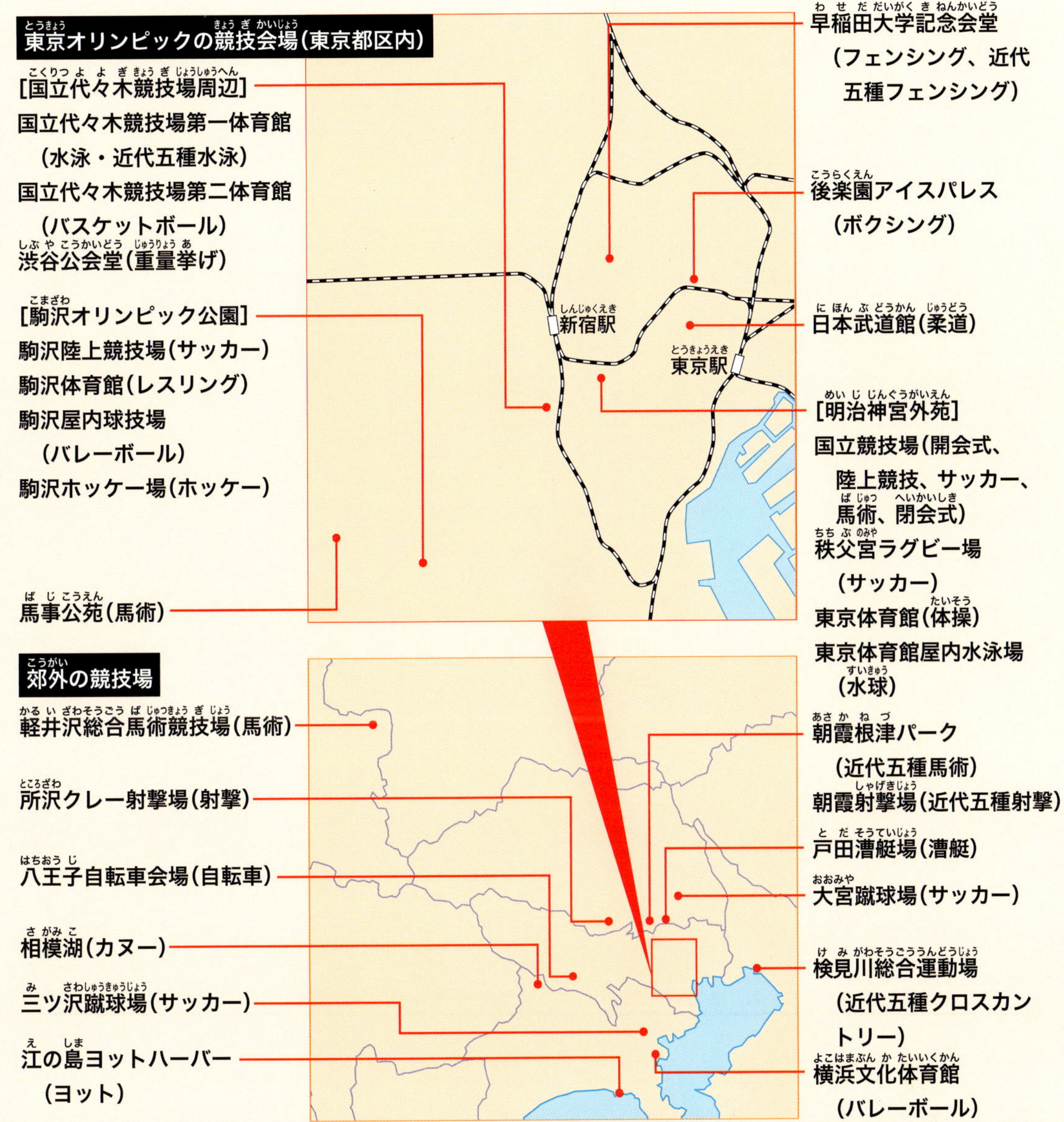

競技場の拡張工事の計画が立てられました。バックスタンドの上部にスタンドを増設し、7万人以上を収容しようという案です。1962年3月に工事が開始され、翌年8月に完成しました。

ここでは開会式、陸上競技、サッカーの決勝と3位決定戦、馬術の大賞典障害飛越、閉会式がおこなわれました。オリンピック後、日本のスポーツを象徴する聖地となり、陸上競技のほか、サッカーやラグビーの日本選手権などが開かれてきました。

▲戸田漕艇場　1939年、荒川左岸につくられた漕艇場の幅を広げて整備した。幅90m、延長2400m、水深2.5m。(PK)

吊り屋根方式の代々木競技場

原宿駅近くのアメリカ軍に接収されたワシントンハイツの敷地のあとに、大きな巻貝のような国立屋内総合競技場(代々木競技場)ができました。下の写真手前右の大きな建物が第一体育館で水泳の競技を、左の建物が第二体育館(別館)でバスケットボールの試合をおこないます。

建物の設計は建築家の丹下健三で、建物は吊橋のように高い柱をたてて、そこから大きな屋根を吊りさげるというつくりをしています。そのため、建物の中には柱がなく、どこからでも競技を見ることができます。

1963年2月に工事を始め、1964年8月に完成しました。はじめて見た人はだれもがあっとおどろくほどの迫力をもった建物です。

▶代々木競技場の建設現場 鉄骨で屋根をつりさげている。(PK)

▶第一体育館の内部 競泳用プール、飛込用プール、飛込台などがある。客席数は約1万1000席。(PK)

国立屋内総合競技場 らせん状の形から「代々木のかたつむり」とよばれた。(PK)

柔道の会場となった日本武道館

皇居の中の北の丸公園に、柔道の会場として日本武道館がたてられました。1963年10月に工事を開始し、昼夜休みなしの突貫工事ですすめられ、オリンピック直前の1964年9月、完成したのです。

設計は京都タワービルを設計した建築家の山田守で、法隆寺の夢殿をモチーフにして設計したといわれています。屋根のなだらかな曲線は雄大な富士山のすそ野を思い出させます。

駒沢公園の体育館と競技場

東京都世田谷区駒沢にあったゴルフ場を解体したあとに、東京オリンピックの第二メイン会場として、レスリング会場となる体育館、バレーボールの会場となる屋内球技場、サッカーの会場となる陸上競技場、ホッケー場などがつくられました。正面には高さ40mの管制塔(現在のオリンピック記念塔)がたてられ、テレビ用のパラボラアンテナや電話、交通管制などを集中管理する機能をもたせました。

▲**駒沢競技場の管制塔**　地下1階、地上12階で、五重の塔のような形。(PK)

▲**日本武道館**　皇居の堀の内側にたてられた。日本の伝統的な建築様式にのっとり、屋根の中心には擬宝珠がおかれた。2年後の1966年、イギリスのロックグループ、ザ・ビートルズが来日して公演をして以来、コンサート会場としても使われるようになった。(PK)

▶**駒沢オリンピック公園**　中央の五角形の屋根をした建物が駒沢体育館、右上の四角形の屋根の建物がバレーボールコート、左上の楕円形のグラウンドが陸上競技場、その手前に管制塔が見える。(PK)

▲建設工事中の首都高速道路　1964年6月の赤坂見附付近。（共同通信社）

交通・道路網の整備

首都高速道路の開設

1958年に東京でおこなわれた国際オリンピック委員会（IOC）の総会で来日したブランデージ会長は、記者会見をおこない、「オリンピックの開催にあたり、会場へすみやかに移動できる方法をこうじなければいけない。東京の交通地獄ははなはだしい」と注意をうながしました。

1950年代の東京はマイカーブームなどで、乗用車の台数はふえるいっぽう。都心部ではいたるところで交通渋滞が起こっていました。オリンピック開催のためには、都心部の動脈を早急に整備しなければなりません。

そこで政府は1959年、首都高速道路公団を設立し、高速道路の工事を開始しました。まず首都高速1号線17kmを開設し、銀座〜羽田空港間を15分で行けるようにしました。つづいて首都高速4号線11kmを開設し、銀座とオリンピック選手村や神宮の国立競技場などをむすびました。工事の期間を短くするため、高速道路は川や水路の上につくられました。

そのほか、駒沢公園と神宮をつなぐ青山通りや、渋谷のオリンピック道路の整備など、突貫工事でおこないました。

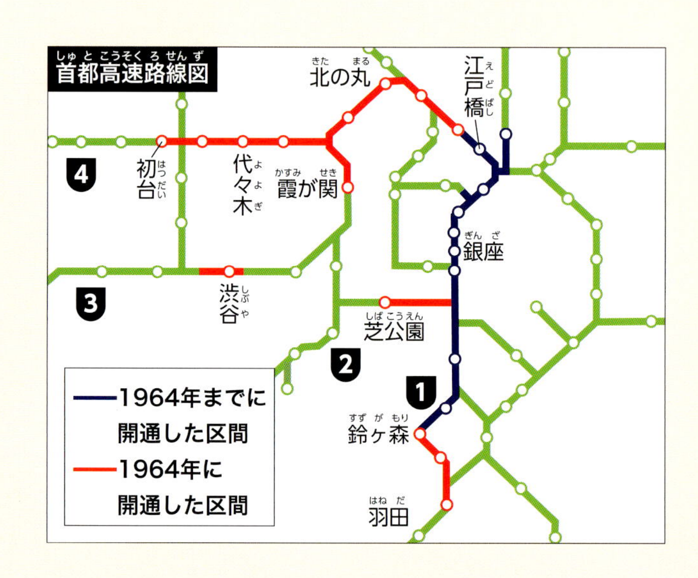

東海道新幹線の開通

1964年10月1日、東京駅と新大阪駅を4時間でむすぶ東海道新幹線が開業しました。午前6時、東京駅からひかり1号が発車、同じ時刻に新大阪駅からひかり2号が出発し、時速200km以上で走り、4時間後の10時、それぞれ目的の駅に到着しました。それまでは特急電車で6時間30分かかっていた東京―大阪間が2時間半も短縮されたのです。

新幹線の工事は1959年4月、新丹那トンネルの起工式に始まり、それから5年半かけて、最新の技術を集めた世界最速の「夢の超特急」が完成。自動的にブレーキがかかる自動列車制御装置（ATC）や列車集中制御装置（CTC）などの、最新技術もとりいれました。

東海道新幹線の出発式　10月1日午前6時、東京駅から新大阪駅に向けて出発するところ。（共同通信社）

東京モノレール開通

1964年9月17日、国鉄（現在のJR）浜松町駅と羽田空港（東京国際空港）をむすぶ東京モノレールが営業を開始しました。1本のレールの上を走る交通機関は、両駅の間約13kmを15分でむすびました。

東京オリンピックで国内や海外からの羽田空港を利用するお客に対応するため、1963年5月から工事を開始。用地を買収しなくてもすむように、路線のほとんどが京浜運河の上に、しかも高架線で建設されました。夜を徹した工事で、オリンピック開幕前に間に合わせたのです。

▼**東京モノレール**　浜松町駅と羽田空港をむすんだ。（共同通信社）

シンボルマークとポスターの決定

1960(昭和35)年、デザイン評論家の勝見勝を座長とするデザイン懇話会が発足し、東京大会のための独自のシンボルマークを導入することを決定しました。当時、一流とされていたグラフィックデザイナー6人によるコンペがおこなわれ、亀倉雄策の案がえらばれました。日の丸を連想する白地に赤い太陽、その下に黄金の五輪のマークを配したシンプルで力強いデザインで、これが東京オリンピックのシンボルマークとなったのです。

1961年2月、亀倉のシンボルマークを拡大して、公式第1号ポスターがつくられました。つづいて1962年5月、陸上のスタートダッシュの瞬間を写真にとった第2号ポスターが完成。カメラマンは女性やモデルの写真を得意とする早崎治、フォトディレクターに村越襄を起用し、6人の選手に30回ものダッシュをさせて撮影した1枚です。オリンピックのポスターに写真を使ったのははじめてでした。

続いて1963年4月に、バタフライで泳ぐ水泳選手を写した第3号ポスター、1964年4月に聖火ランナーを写した第4号ポスターが完成。日本中の公共建物、空港、駅や繁華街などにはりだされ、オリンピック気分をもりあげました。

▲**オリンピック東京大会の第1号ポスター**　シンボルマークを拡大してつくり、10万部を配布した。デザイン：亀倉雄策。(PK)

▲**第2号ポスター**　9万部を配布。デザイン：亀倉雄策、フォトディレクター：村越襄、写真：早崎治。(PK)

▲**第3号ポスター** 7万部を配布。制作スタッフは第2号と同じ。(PK)

▲**第4号ポスター** 5万部を配布。制作スタッフは第2号と同じ。(PK)

絵文字のピクトグラム完成

デザイン計画の責任者となった勝見勝は、世界各国から来た人たちが、陸上や水泳の競技場や、トイレやシャワー室などの施設の場所を、一目でわかるような絵文字(ピクトグラム)を開発するよう提案しました。田中一光をチーフに、福田繁雄、横尾忠則、柳原良平ら新進のクリエーターら12人からなる制作チームを中心に、3か月かけて完成させました。

競技の絵文字はそれほどむずかしくないのですが、公共施設の絵文字はいろいろ知恵をしぼったようです。以後、日本の施設の表示にはピクトグラムが採用されるようになりました。

▲**競技のピクトグラム**(PK)

◀**公共施設のピクトグラム** トイレや電話、シャワー室など、外国人にもわかるように絵文字を工夫した。(PK)

さまざまなデザインワーク

絵文字の制作のほかにも、オリンピックに関係するあらゆるものをつくるにあたり、統一したシンボルやデザインの方式が求められました。入場券やメダル、聖火リレーのトーチ、選手団のユニフォーム、表彰台のほか、パンフレットやプログラムなどの制作がおしせまっています。勝見勝は赤坂離宮のなかにある組織委員会事務局の一室にデザイン室をもうけ、のべ80人ものデザイナーたちを動員。インダストリアルデザイナー、建築家、画家、ファッションデザイナーなど、ジャンルをこえたアーティストたちによる共同作業で意見を交換しあい、革新的なデザインを打ち出していきました。

▲**金銀銅のメダル**　直径6cm、厚さ3mm。金は90ｇ、銀は82g、銅は69g。表は勝利の女神、裏は勝利者を肩車する男性たちをえがいている。(PK)

▲**参加メダル**　オリーブの葉に陸上と水泳の選手をえがいたもの。デザイン：表(左)は岡本太郎、裏(右)は田中一光　(PK)

▲**日本選手団のユニフォーム**　左から日本選手団男子の公式ブレザー、トレーニングユニフォーム、聖火ランナーのユニフォーム。(駒沢オリンピック公園総合運動場)

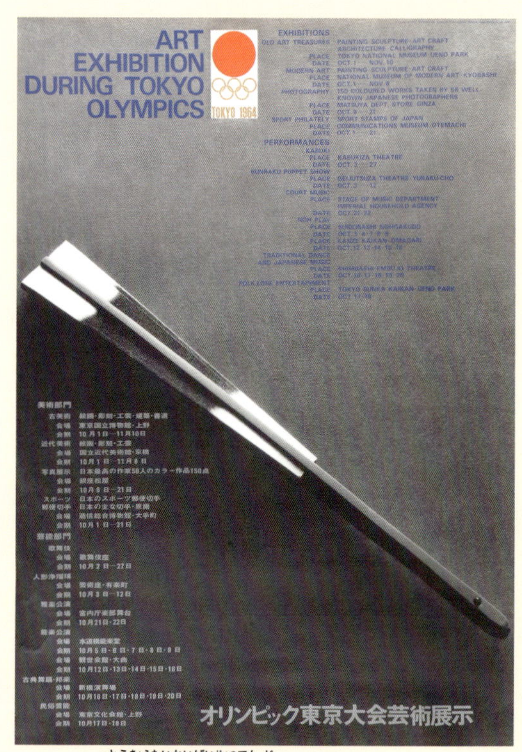

▲**オリンピック東京大会芸術展示のポスター**　1964年10月1日から東京国立博物館で日本の古美術の展示がはじまり、ほかにも各所で近代日本の名作展、スポーツ郵便切手展、歌舞伎や人形浄瑠璃の上演などがおこなわれた。デザイン：山城隆一　(PK)

◀**入場券**　開会式と閉会式の入場券は人気があり抽選がおこなわれた。(秩父宮記念スポーツ博物館)

▲**表彰台**　デザイン：道吉剛　(秩父宮記念スポーツ博物館)

資金集めに記念品を

オリンピックの資金を集めるために、1961年、東京オリンピック資金財団が設立されました。9月に記念シールをもらえる10円募金を開始。10月から寄付金付き郵便切手の発行が始まり、12月には割増金付きの定期預金の受付を開始しました。さらに寄付金付きの記念メダルや記念ワッペン、記念コイン、記念乗車券など、さまざまな記念品が売り出されました。

▲**オリンピック定期預金のポスター** 1000円につき預金者から1円、金融機関から20銭の寄付が集められた。（昭和館）

◀**オリンピック記念ワッペン**（昭和館）

▲**カフスボタン**（秩父宮記念スポーツ博物館）

▲**募金シール** 10円の募金につき1枚を交付した。（昭和館）

▲**ピン**（秩父宮記念スポーツ博物館）

◀**寄付金付き郵便切手** 計6回にわけて20種類発行された。（秩父宮記念スポーツ博物館）

▲**東京オリンピック記念の1000円と100円の銀貨幣**（独立行政法人造幣局）

▲**記念乗車券** 東京都交通局から発行された。（昭和館）

オリンピック讃歌の再発見

第1回オリンピック・アテネ大会のときに演奏された『オリンピック讃歌』の楽譜が失われ、その後、その存在も忘れ去られていました。1958(昭和33)年にギリシャで発見されたことを知った日本オリンピック委員会(ＪＯＣ)は、高校野球のテーマソングなどを手がけた作曲家の古関裕而に、編曲を依頼しました。そして1958年、東京で開かれたＩＯＣ総会で、NHK交響楽団が演奏すると、ブランデージ会長をはじめ各国の委員らが感激し、この古関バージョンが公式に『オリンピック讃歌』とされました。東京大会の開会式では、野上彰の訳詞によるこの讃歌が大観衆の前でひろうされました。

五輪まめ知識　東京五輪音頭発売

1963(昭和38)年、宮田隆作詞、古賀政男作曲による東京オリンピックのテーマソング『東京五輪音頭』が完成し、その発売を各レコード会社に開放しました。同年6月、橋幸夫(ビクター)、三橋美智也(キング)、三波春夫(テイチク)ら、多くの歌手により、レコード会社から発売されました。そのなかでも三波春夫のレコードがいちばん売れました。

▶**『東京五輪音頭』のレコード**　歌：三波春夫　1963年に発売された。(昭和館)

▲**『オリンピック讃歌』**　作曲：サマラ　編曲：古関裕而　訳詞：野上彰　(日本音楽著作権協会(出)許諾第1713978-701号)

学校でオリンピック学習

オリンピック本来の意味や、その目的を国民に広く知らせるため、「オリンピック国民運動」が展開されました。スポーツを通して国際理解を深めること、外国からのお客をもてなすこと、町をきれいにすること、交通ルールを守ることなどの活動に取り組もうというものです。

文部省(現在の文部科学省)は、小学校・中学校・高等学校に、オリンピックを学ぶための『オリンピック読本』をくばり、オリンピックの理念や歴史、活躍した人びと、競技などについて学ぶ時間をもうけました。

東京都千代田区ではオリンピック学習委員会が中心になって『オリンピックと学校』という本をつくって、学校にくばりました。そこにはオリンピック学習の目標について、

①国際親善につくし世界平和に貢献する
②人間尊重の態度をつちかい、日本人の自覚とほこりを身につける
③オリンピックの起源や意義を理解し、オリンピック精神をやしなう
④運動・競技に対する興味や関心を高め、すすんで参加すること

などをあげています。

◀『オリンピックと学校』 千代田区教育委員会が編集した本。(誠文堂新光社/国立国会図書館)

▲『オリンピック読本』 文部省が小中高校にくばったオリンピックに関する教材。(文部科学省)

▲学校でのオリンピック学習のようす 東京都千代田区神田の小川小学校にて。(誠文堂新光社/国立国会図書館)

五輪まめ知識 町をきれいにしよう

プリンス自動車が、町をきれいにしようという運動のひとつとして、オリンピック東京大会組織委員会にエチケット袋を寄付しました。これを各会場に来た入場者にくばって、ごみを入れるように呼びかけたのです。

▶エチケット袋
(昭和館)

選手たちの宿舎

1万人を収容する選手村

東京オリンピックに参加する選手5000人以上、関係者をふくめると約1万人の宿舎として、代々木選手村をはじめ、八王子、相模湖、大磯、軽井沢などに選手村の分村がたてられました。なかでも代々木の選手村は最大規模でした。アメリカから返還されたワシントンハイツの跡地の東西800m、南北1500mの敷地に、これまであった住宅のほかに、4階建ての集合住宅をたてて、オリンピックに参加する5900人を収容する施設を用意しました。村内には選手たちが寝泊りする部屋のほかに、食堂、売店、理容室(美容室)、ホールなどが用意されました。オリンピックがはじまる1か月ほど前に入村式がおこなわれ、準備が始められました。

1日7000食の食事を用意

大変なのは選手たちが毎日食べる食事です。1日あたり7000食あまりを用意するので、その食材だけでもぼうだいな量にのぼります。また、選手たちは食習慣のちがうさまざまな国からやってくるので、それに応じたたくさんのメニューを開発しなければなりません。

料理長は帝国ホテルの料理長村上信夫で、全国から300人余りのシェフが集まり、料理にあたりました。食材の一部を冷凍保存する方法を開発して事前に用意しておくことや、手早く多くの料理をつくる分担方式を取りいれるなどして、のりこえました。エスニック料理のレシピは100以上にものぼりました。

▲代々木選手村　ワシントンハイツの建物を利用した。(PK)

▲代々木選手村　新たにたてられた4階建ての建物。(PK)

五輪まめ知識　ワシントンハイツって何?

1945(昭和20)年、日本にアメリカ軍が進駐し、日本軍の練兵場があった現在の代々木公園あたりを接収して、1947年、ワシントンハイツを建設。将校やその家族が住む800戸余りの住宅や学校、商店、教会などができた。オリンピックの東京開催が決まると、日本はアメリカからこの地を返還してもらい、代々木競技場体育館と、選手や役員が宿泊する選手村をたてた。

▲選手村食堂の料理長たち　右はしが村上信夫。(中村調理製菓専門学校)

ショッピングセンターや文化教室

選手村の売店にはデパートの出店や洋品店などがならび、浴衣や和傘、提灯など、日本らしい服や小物が売られていました。理容室には柔道のヘーシンクら、世界各国の選手たちがやってきました。ホールでは茶道や着付け、琴など日本の伝統文化を紹介する教室が開かれ、にぎわいました。

村内の警備には自衛隊や警察官があたりましたが、人数がたりず、民間の警備会社も協力しました。ここに日本で初の警備会社が登場したのです。

会場管理要員や案内人をふくめ、選手村ではたらく多くの人たちが、奉仕することを名誉だと思って、仕事にはげんでいました。

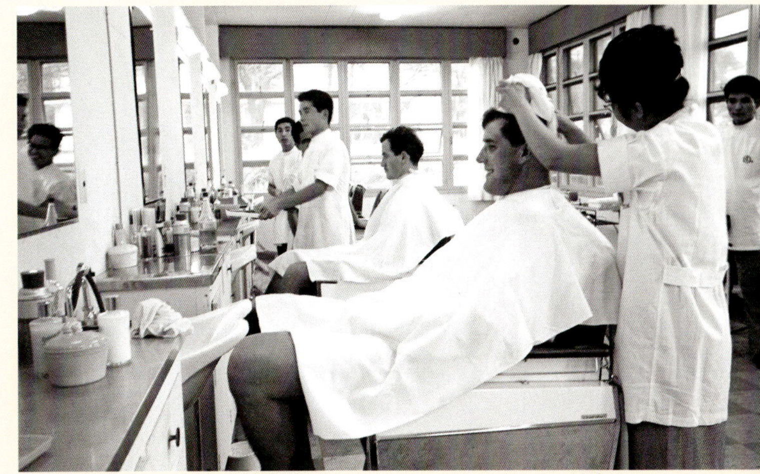

▲**理容室**　オランダの柔道選手ヘーシンクも、試合前に散髪におとずれた。(PK)

▲**日本の伝統文化を紹介**　琴の教室に外国人も興味をもって参加した。(PK)

▲**選手村を警備する女性警備員たち**　(PK)

まめ知識　高級ホテルあいつぎオープン

東京オリンピックをひかえて、外国客のための宿泊施設が次つぎにたてられた。9月はじめ、日本を代表するホテルニューオータニや東京プリンスホテルが、あいついでオープン。17階建てのニューオータニの回転展望ラウンジは見物客でにぎわった。

▲**ホテルニューオータニ**　「ブルースカイラウンジ」からは都心を見わたせた。(ホテルニューオータニ)

オリンピアの聖火、日本列島を縦断

●ギリシャで採火式　1964(昭和39)年8月21日、古代オリンピック発祥の地、ギリシャのオリンピアで聖火の採火式がおこなわれました。古代のしきたりにのっとり凹面鏡でともされた火は、第一走者にわたされ、11か国を経由する2万5687kmの旅に出発。日本航空の専用機でエーゲ海をわたり、トルコ、イラン、パキスタン、インド、タイ、マレーシア、フィリピン、香港などを経て、日本へ向かいました。

●沖縄に到着　9月7日、沖縄の那覇空港に到着。奥武山陸上競技場で歓迎式典がおこなわれたのち、聖火は2日間かけて島内をめぐり、沿道からの熱烈な歓迎の声でむかえられました。アメリカの統治下にあった沖縄では、これを機に本土復帰の気運がもりあがりました。

●日本列島を縦断　9月9日、聖火は鹿児島に到着。ここで聖火は鹿児島、宮崎、北海道と3つに分けられました。ひとつは鹿児島から九州を北上し、山陰、北陸を通るコース。ふたつめは宮崎から四国、紀伊、東海道を経るコース。3つめは北海道の千歳に飛び、青森でさらに2つに分けられ、日本海側をまわるコースと太平洋側をまわるコースにわかれて、全都道府県をまわり東京に向かいました。

リレーは聖火のトーチをもつ正走者1人、副走者2人、伴走者20名からなり、16〜20歳までの男女から選ばれました。1区1〜2kmの区間をつないで、10月7日に東京に入りました。10月9日、皇居二重橋前広場で集火式がおこなわれ、翌日の開会式を待つことになりました。

アテネから日本までの聖火ルート

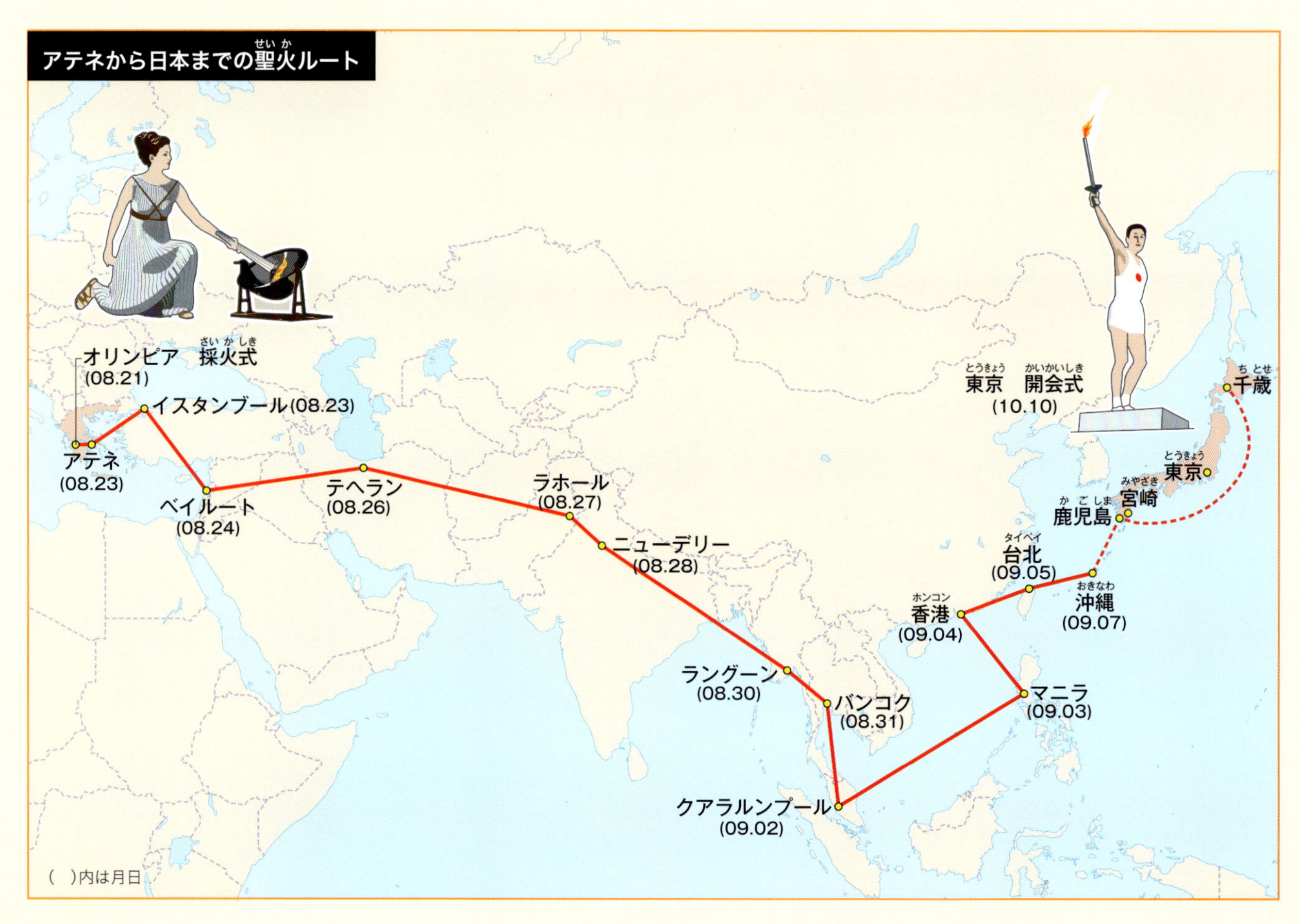

◀沖縄の奥武山陸上競技場で歓迎式典
沖縄では日本とアメリカの国旗がかかげられた。(共同通信社)

◀都内を走る聖火ランナー。(PK)

▲聖火リレー用のトーチ
デザイン：インダストリアルデザイナーの柳宗理。(PK)

人物ピックアップ 聖火台をつくった鈴木親子

国立競技場にすえられた聖火台は、総重量が2600kg、高さ・直径ともに2.1m。この制作をうけおったのは、キューポラの街として知られる埼玉県川口市の鋳物師・鈴木萬之助です。銅像や仏像の名工として知られた鈴木は、1957年12月、三男の文吾とともに、翌年3月納期というきびしい条件のなか、作業を開始。1958年2月14日に鋳型が完成し、翌15日、溶かした鉄を鋳型に流しこむ湯入れの途中、爆発をおこし、鋳型はこわれてしまいました。その夜から萬之助は床につき、8日目に亡くなりましたが、息子たち4人は昼夜をとわず作業をつづけ、3月5日、ついに完成。5月におこなわれる第3回アジア大会の開会式に間にあったのです。

毎年10月10日ごろになると、文吾は聖火台をみがきに通いました。50年ほど続け、亡くなったあとは、ハンマー投げの室伏広治選手がみがいています。

▶国立競技場にすえられた聖火台 (PK)

第3章

東京オリンピック開幕

開会式

雲ひとつない青空のもとで開会式

1964(昭和39)年10月10日、東京千駄ヶ谷の国立競技場で、アジア初のオリンピック、第18回オリンピック東京大会の開会式がおこなわれました。雲ひとつない秋晴れの空の下、約7万5000人の観衆が見守るなか、午後2時、93の国と地域から参加した選手・役員らによる入場行進が始まりました。先頭はオリンピック発祥の地のギリシャ、つづいてアフガニスタン、アルジェリア……とアルファベット順に行進。最後に約400人の日本選手団が行進し、選手団全員が整列。2時58分、天皇陛下が開会を宣言しました。

▲オリンピック旗のひきわたし　牛込仲之小学校6年生30数名の鼓隊にみちびかれて行進し、ローマ市長から東京都知事にオリンピック旗がわたされた。（共同通信社）

▲ブルーインパルスが空にえがいた５つの輪　（PK）

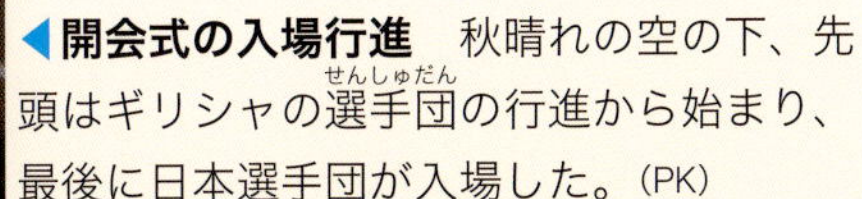

◀開会式の入場行進　秋晴れの空の下、先頭はギリシャの選手団の行進から始まり、最後に日本選手団が入場した。（PK）

▲聖火を聖火台に点火　最終聖火ランナー坂井義則は1945年8月6日、広島市に原爆が投下された日に、広島県三次市で生まれた。早稲田大学の競走部に属する19歳。（PK）

新宿区立牛込仲之小学校の6年生による鼓隊にみちびかれて、オリンピック旗が行進し、つづいて、最終聖火ランナーの坂井義則が入場。1.2kgのトーチをかかげて、トラックを半周し、スタジアムの階段163段をかけのぼりました。そして聖火を聖火台に近づけて点火に成功しました。日本選手団の小野喬主将が選手宣誓をおこない、開会式は終了。選手団が退場をはじめると、航空自衛隊機ブルーインパルス5機が上空に５色の五輪の輪をえがきました。

この開会式のようすは、テレビやラジオ各局を通じて日本全国へ中継されました。さらに通信衛星シンコム3号で世界中に送られ、オリンピック史上初のテレビ宇宙中継に成功しました。なお、21年前の1943年10月、この競技場とほぼ同じ場所で、冷たい雨が降りしきる中、学生を戦地におくる出陣学徒の壮行式がおこなわれました。このオリンピックは平和の大切さをうったえるとともに、日本の復興と国際社会への復帰を伝える絶好の機会になりました。

三宅が日本初の金メダル

大会3日目の10月12日、重量挙げ・フェザー級の三宅義信が、日本初の金メダルを獲得し大会はおおいにもりあがりました。試合後、三宅は「この4年間、山あり谷あり、本当に遠い道のりでした」と語りました。

1960年のローマ大会ではバンタム級で銀メダルを獲得。その後、東京大会をみすえて独自にトレーニングを開発し、1963年のスウェーデンでの世界選手権ではクラスをかえてフェザー級で優勝し、力をたくわえてきました。

三宅は4年後のメキシコ大会でも金メダルを獲得。このとき弟の三宅義行は銅メダルを、また姪(義行の子)の宏実はロンドン大会(2012年)で銀メダルを獲得しています。

◀三宅義信　バーベルを頭上につきあげるジャークを成功させ、金メダルを決めた。(PK)

○重量挙げ　日本のメダリスト

バンタム級	一ノ関史郎	銅
フェザー級	三宅義信	金
ミドル級	大内　仁	銅

東洋の魔女が金メダル

バレーボールは東京大会ではじめてオリンピック種目として採用されました。女子は6つの国の総当り戦となり、日本は10月11日にアメリカ、12日にルーマニア、14日に韓国、18日にポーランドと戦い、ポーランド戦で1セットゆるしただけで、ほかの国とは3－0で勝ちすすんできました。

そして10月23日、駒沢屋内球技場で最強の敵ソ連との決勝戦が始まりました。ソ連はこれまで4戦ともストレート勝ちです。第1セットは15－11で日本、第2セットも15－8で日本がとり、第3セットは14－9からソ連が追いあげ14－13にせまりましたが、最後は日本が制して、金メダルを勝ちとりました。「なせば成る」という強い信念の大松博文監督のもと、猛特訓をおこなってきた努力が実ったのです。

女子バレーボールでソ連との決勝戦　手前がソ連、後方が日本チーム。(PK)

人物ピックアップ

大松博文(1921～1978年)

鬼の大松とよばれた監督

▲胴上げをされる大松監督 (PK)

香川県宇多津町生まれ。関西学院大学でバレー部に所属し、大学選手権に優勝。卒業後、大日本紡績(日紡)に就職し、仕事のかたわらバレー部のコーチをしていました。アジア・太平洋戦争中は中国から南方(東南アジア)を転戦。戦後、日紡にもどり、本社勤務とバレー部のコーチをかねて、1953年、日紡バレー部が創設されると、その監督につきました。退社後の午後5時から11時まで、猛練習をおこない、世界一の名セッター河西昌枝やナンバーワンアタッカー宮本恵美子らを育て、日本一のチームにしました。「回転レシーブ」や、手元で落ちる変化球サーブ「木の葉落とし」などを開発。外国人の高さや強さ、スピードにも対応できるチームをつくりあげました。こうして1962年のモスクワでの世界選手権でソ連を3－1で破り、世界一となり「東洋の魔女」とよばれました。

東京大会の新競技にバレーボールが入ることがきまると、さらに猛練習をかさね、その過酷な練習ぶりから「鬼の大松」とよばれました。見事に金メダルを獲得した試合後のインタビューでは「ソ連の何倍も練習したので自信はありました」と答えました。

バレーボール男子、銅メダル

バレーボール男子は、10チーム総当り戦で、10月13日に始まりました。日本チームは10月23日の最終戦まで、ソ連を3－1でやぶるなど6勝2敗の好発進をはたし、最後のオランダ戦は1セットをとればメダル確定のところまでせまっていました。このオランダ戦では第1セットを失いましたが、第2セットを15－4でうばい、初の銅メダルにかがやきました。女子の活躍のかげにかくれていましたが、このメダルは男子バレーボール界における快挙です。

○バレーボール　日本のメダリスト

女子	河西昌枝、宮本恵美子、谷田絹子、半田百合子、松村好子、磯部サダ、松村勝美、篠崎洋子、佐々木節子、藤本佑子、近藤雅子、渋木綾乃	金
男子	出町豊、小山勉、菅原貞敬、池田尚弘、佐藤安孝、小瀬戸俊昭、南将之、森山輝久、猫田勝敏、樋口時彦、徳富斌、中村祐造	銅

レスリングは金メダル5個

前回のローマ大会で、金メダルゼロ、銀メダル1個に終わった日本レスリングチームは、屈辱をはらそうと、八田一朗の指導による「不屈の精神をやしない、技術をみがく」きびしい訓練にはげんできました。試合は10月11日から駒沢体育館で、日本勢が得意とするフリースタイルから始まりました。フライ級の吉田義勝、バンタム級の上武洋次郎、フェザー級の渡辺長武が勝ち進み、14日の決勝リーグで吉田、上武、渡辺が金メダル、ライト級の堀内岩雄が銅メダルと、フリースタイルだけで4本の日の丸があがりました。

いっぽうグレコローマンは、攻撃が上半身に限られているため、手足の短い日本人は不利とされ、あまり期待されていませんでした。しかし、強豪国のトルコからリザ・ドガンをコーチにまねいて強化につとめてきました。10月16日、グレコローマンのフライ級に花原勉、バンタム級に市口政光が出場し、ともに勝ち進んで、19日の最終決戦でともに金メダルを獲得。レスリングではあわせて6個のメダルをとって、レスリング王国日本の名を高めました。

◀**フリースタイル・バンタム級の上武洋次郎** アメリカで早わざをみがき、決勝戦では逆転勝利をおさめた。(PK)

◀**グレコローマン・バンタム級の市口政光** (PK)

▼**金メダルをとったレスリングの選手たち5人** 左から花原勉、市口政光、渡辺長武、吉田義勝、上武洋次郎。(PK)

▲**柔道の軽量級の中谷雄英**　先陣のプレッシャーは大きかったが、勝ち進んだ。(PK)

▲**無差別級のヘーシンクと神永昭夫**　9分以上の長い戦いのすえ、ヘーシンクはけさ固めで神永をおさえこんだ。ヘーシンクは、はしを上手につかい、「柔道一代」を歌うほどの日本びいきだった。(PK)

柔道は金メダル3個

初めてオリンピック競技となった柔道の試合が、10月20日、日本武道館で始まりました。日本のお家芸とされる柔道は、４つの全階級とも金メダルだろうと考えられていたので、選手たちには大きなプレッシャーがかかりました。

初日は軽量級で、明治大学の中谷雄英が出場。国内でも強豪がひしめいている軽量級で日本代表まで勝ちぬいてきた中谷は、多彩なわざをくりだして、5試合とも1本勝ちという完璧な内容で勝利しました。

二日目は中量級で、中央大学の岡野功が圧倒的な力で勝ち進みました。三日目は重量級で、猪熊功がカナダの巨漢ロジャースを判定でやぶり、3個目の金メダルを獲得しました。

23日の最終日、無差別級は神永昭夫とオランダのヘーシンク。予選リーグで神永はヘーシンクに判定でやぶれましたが、敗者復活戦にのこり、決勝戦で再びヘーシンクと対戦。198cm、120kgの巨体によるけさ固めでおさえこまれて、ヘーシンクに一本取られ、金メダルをのがしました。

▲**重量級の猪熊功**　腰痛の持病をかかえながらも金メダルを獲得した。(PK)

○レスリング・柔道　日本のメダリスト

競技	種目	選手	メダル
レスリング	フリースタイル・フライ級	吉田義勝	金
	フリースタイル・バンタム級	上武洋次郎	金
	フリースタイル・フェザー級	渡辺長武	金
	フリースタイル・ライト級	堀内岩雄	銅
	グレコローマン・フライ級	花原勉	金
	グレコローマン・バンタム級	市口政光	金
柔道	軽量級	中谷雄英	金
	中量級	岡野功	金
	重量級	猪熊功	金
	無差別級	神永昭夫	銀

体操王国日本、金メダル5個

前回のローマ大会で健闘した日本の体操チームは、東京大会では「団体も個人も金メダル」と、期待が高まっていました。体操は10月18日から東京体育館でおこなわれ、男子は団体、個人総合、種目別で徒手(ゆか)、あん馬、つり輪、跳馬、平行棒、鉄棒の8種目をきそいました。

初日の規定演技では、日本勢はソ連をおさえ、トップに。遠藤幸雄が5種目で最高点を出して、幸先のよいスタートを切りました。20日の自由演技では、つり輪で遠藤と早田卓次が9.7以上の最高得点、平行棒で遠藤と鶴見修治が9.75、跳馬で山下治広が「新ヤマシタ跳び」を初披露して9.8を獲得。鉄棒は肩を痛めていた小野喬がすばらしい演技を見せましたが、ソ連も高得点を出して反撃しました。そして最終のあん馬では、遠藤がしりもちをつくなどのミスが出ましたが、団体は日本がソ連に2.5差をつけ優勝、2連覇をはたしました。

個人総合では遠藤が金メダル、鶴見が銀メダル。種目別では跳馬で山下、つり輪で早田、平行棒で遠藤が金メダルを獲得し、体操で5個の金メダルをとりました。

◀**遠藤幸雄の鉄棒** 個人総合で日本人初の金メダルをとった。(PK)

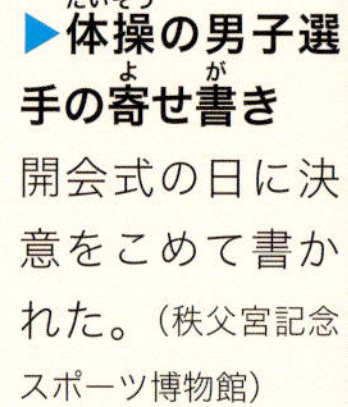

▶**体操の男子選手の寄せ書き** 開会式の日に決意をこめて書かれた。(秩父宮記念スポーツ博物館)

▲**早田卓次のつり輪** 早田はチーム最年少で24歳になったばかり。落ち着いた演技を見せた。(PK)

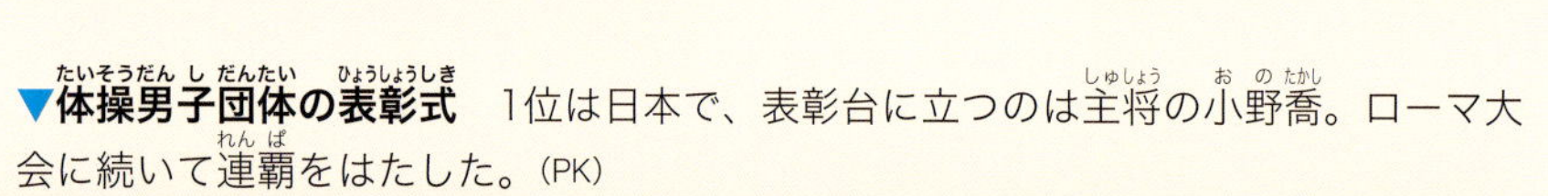

▼**体操男子団体の表彰式** 1位は日本で、表彰台に立つのは主将の小野喬。ローマ大会に続いて連覇をはたした。(PK)

▲**山下治広の跳馬** このあと空中で体を1回ひねる「新ヤマシタ跳び」という妙技をくりだし、2位以下を大きく引きはなした。(PK)

女子は団体で銅メダル

女子の種目は団体、個人総合、種目別で跳馬、段違い平行棒、平均台、徒手(ゆか)の計6種目をきそいました。なかでもチェコスロバキア(現在のチェコ)のチャスラフスカが大活躍。ソ連のラチニナをおさえて、個人総合、平均台、跳馬の3種目で金メダル、団体でも2位につけました。こうした中、日本チームも健闘し、団体で初の銅メダルを獲得しました。そのほか、相原俊子が段違い平行棒と跳馬で4位、池田敬子が個人総合と平均台で6位入賞しました。

▲**体操女子団体の表彰式** 日本チームは銅メダルを獲得。表彰台の右に立つのは主将の池田敬子。このとき30歳、2児の母だった。(PK)

○体操 日本のメダリスト

体操男子	団体	小野喬、遠藤幸雄、鶴見修治、山下治広、早田卓次、三栗崇	金
	個人総合	遠藤幸雄	金
		鶴見修治	銀
	種目別徒手(ゆか)	遠藤幸雄	銀
	種目別あん馬	鶴見修治	銀
	種目別つり輪	早田卓次	金
	跳馬	山下治広	金
	平行棒	遠藤幸雄	金
		鶴見修治	銀
体操女子	団体	池田敬子、相原俊子、小野清子、中村多仁子、辻宏子、千葉吟子	銅

人物ピックアップ ベラ・チャスラフスカ(1942~2016年)

東京オリンピックの花

チェコスロバキアのプラハ生まれ。当時22歳。身長159cm。東京大会での優雅な演技から「東京の恋人」「オリンピックの花」などとよばれ、人びとを魅了し、オリンピックをもりあげました。彼女は事前に日本の体操男子チームの練習にも参加し、「ヤマシタ跳び」などの技を学びました。こうした日本人の友好的な態度に感動し、日本人の心を大切にしてきたといいます。

1968年のメキシコ大会が始まる直前、チェコスロバキアでは「プラハの春」という民主化運動がおこり、ソ連を主体とするワルシャワ条約機構軍が介入してきました。ソ連の侵攻に反対していたチャスラフスカは、なんとかメキシコ大会に出場。個人総合、跳馬、段違い平行棒、徒手の4種目で金メダル、団体総合と平均台で銀メダルを獲得し、体操の女王として君臨しました。しかし、帰国後は体操界から追放されるなどめぐまれない時代が続きました。

1989年、共産党政権がたおれると、名誉が回復され、チェコの大統領補佐官やオリンピック委員会会長などをつとめました。東日本大震災のあと東北地方をおとずれ、翌年、被災地の中学生26人をチェコに招待しました。「東京は第2の故郷」とよんで、生涯、日本を愛し続けました。

▲**チャスラフスカの段違い平行棒** (PK)

ボクシングで桜井が金メダル

ボクシングは10月11日から、後楽園アイスパレスでおこなわれました。フライ級、バンタム級、フェザー級など10の階級があり、バンタム級では桜井孝雄が出場。ローマ大会ではフライ級で田辺清が銅メダルを獲得し、桜井にもメダルの期待がかかっていました。桜井は1963年、中央大学3年のときに、全日本アマチュア選手権を制し、東京大会の代表にえらばれました。「打たせずに打つ」という戦法で、準々決勝であたったルーマニアのプユ、準決勝であたったウルグァイのロドリゲスともに、強打をほこる両選手の突進をかわし、鋭いパンチを打ちこみ、判定で勝ち進みました。決勝の相手は韓国のチョン・シンジョ。これまでとは戦法を変えて積極的にせめ、第1ラウンドの開始30秒で、さらに第2ラウンドでもダウンをうばい、日本のボクシング界に初の金メダルをもたらしました。

▲1位の表彰台に立つ桜井孝雄　(PK)

競泳男子800mリレーで銅メダル

競泳は10月11日から、新しくたてられた代々木の国立屋内総合競技場で、男子10種目、女子8種目のあわせて18種目がおこなわれました。競泳で圧倒的な強さをみせつけたのがアメリカ勢で、男女あわせて金メダル13個、銀メダル8個、銅メダル8個という快挙をなしとげました。

1932年のロサンゼルス大会以来、日本の水泳陣は上位にくいこんできたのですが、東京大会ではなかなかメダルをえられず、ようやく男子が800m自由形リレーで銅メダルを獲得。これが競泳の唯一のメダルとなりました。

いっぽう女子は、ローマ大会の100m背泳ぎで銅メダルを獲得した田中聡子が、14日の決勝でおしくも0.6秒差で4位に。1位ともわずかな差の戦いでした。18日には400mメドレーリレーの決勝。田中を先頭に、平泳ぎの山本憲子、バタフライの高橋栄子、自由形の木原美知子が力泳しましたが、こちらも4位入賞に終わりました。

▲男子800m自由形リレーで日本は3位に　(PK)

○日本人メダリスト　ボクシング・競泳・陸上競技

競技	種目	選手	メダル
ボクシング	バンタム級	桜井孝雄	金
競泳	男子800mリレー	福井誠、岩崎邦宏、庄司敏夫、岡部幸明	銅
陸上競技	マラソン	円谷幸吉	銅

マラソンで円谷が3位に

10月21日午後1時、陸上競技の最後をかざるマラソンの選手たち、35か国の68選手がいっせいにスタートを切りました。日本の本命は君原健二、続いて円谷幸吉、寺沢徹の3名が出場。円谷は1万mの代表として決まっていましたが、この年の毎日マラソンで2位になり、マラソンの代表にもえらばれたのです。15日におこなわれた1万mでは6位に入賞しました。

マラソンコースの沿道には、集まった大勢の観客が応援しました。ローマ大会で1位になったエチオピアのアベベは7km付近からトップに出て、折り返しの20km付近で独走に入り、2時間12分11秒２でゴール。自らの記録をやぶる世界最高記録を出して、2連覇をなしとげました。「あと10kmは走れる」というほどの余裕の走りで、表情ひとつ変えずに寡黙に走り続ける姿から、「走る哲学者」とよばれました。

▲競技場内に入った円谷　後ろにヒートリーがせまる。(PK)

いっぽう、35km付近で2位におどり出た円谷は、そのまま国立競技場に入ってきました。第3コーナーのゴールの200m手前で、あとをついてきたイギリスのヒートリーにぬかれましたが、3位に入賞。国立競技場に初の日の丸の旗があがりました。日本の陸上競技では、今大会唯一のメダルです。

人物ピックアップ

アベベ・ビキラ(1932~1973年)

マラソンで2連覇をはたした

エチオピアの貧しい農家の生まれ。19歳のとき、皇帝ハイレ・セラシエ1世の親衛隊に入隊しました。陸上競技選手にえらばれ、1960年のローマ大会に出場し、2時間15分16秒2で金メダルを獲得。途中からはだしで走ったことから「はだしの英雄」とよばれました。この年はアフリカの国ぐにがあいついで独立した年で、アベベの快挙はアフリカ中から熱狂的にむかえられました。

4年後の東京大会では、6週間前に盲腸の手術をうけたばかりで、メダルは期待されませんでしたが、前回大会の記録を3分以上も上まわる世界最高記録で、マラソン2連覇をなしとげました。

1968年のメキシコ大会にも出場しますが、途中で棄権。母国でめぐまれた立場にいましたが、1969年、交通事故にあい、半身不随になってしまいます。それでもリハビリにはげみ、車いすで身障者の国際スポーツ大会にも出場しました。

しかし、1973年、脳出血により41歳の若さで亡くなりました。

▲マラソンで独走するアベベ　(PK)

射撃で吉川が銅メダル

埼玉県の朝霞にある自衛隊射撃場で、射撃のフリーピストルの競技がおこなわれました。日本からは、ローマ大会で日本人初の銅メダルを獲得した吉川貴久が出場しました。フリーピストルは、50m離れた的にむけ10発ずつ6回にわけて計60回の射撃をおこない、その点数をきそう競技です。

吉川は最初の10発で94点の好スタートを切りましたが、2回目を始めようとした瞬間、皇太子殿下入場の花火があがり、その音に集中力を乱され、2回目、3回目と89点に落ちますが、4回目には平常心を取りもどし93点、つづいて95点、94点と得点をかさね、合計554点をマーク。2大会続けて銅メダルを獲得しました。

▲射撃中の吉川貴久　(PK)

サッカーはアルゼンチンをやぶる

サッカー日本代表チームは、前のローマ大会では予選でやぶれて参加できませんでした。危機感をおぼえた日本サッカー協会は、西ドイツ(現在のドイツ)からデットマール・クラマーをコーチとしてまねきました。基本に忠実であることを要求するクラマーのきびしい指導を経て、東京大会にのぞみました。

10月14日、初戦の相手はアルゼンチン。新設された駒沢陸上競技場で、超満員の観衆を集めて試合開始。日本は必死の守りをつづけますが、前半24分、アルゼンチンにゴールを決められました。後半9分、八重樫茂生からパスをうけた杉山隆一が同点ゴール。その後、アルゼンチンに決められ、再びリードされますが、後半36分、杉山からパスを受けた釜本邦茂がゴール前にクロス、それを川淵三郎がヘディングでシュートを決めて2対２の同点に。その直後、相手のゴールキーパーがはじいたボールを、前線につめていた小城得達がゴール、日本が勝利しました。

次のガーナ戦には2－3でやぶれましたが、Dグループ2位で準々決勝に進出。チェコスロバキアを相手に0－4の完敗でしたが、7位となりました。

(共同通信社)

▲アルゼンチン戦で勝利した日本チーム　このメンバーのほとんどは、次のメキシコ大会にも出場し、銅メダルを獲得した。中央が釜本、右が川淵。

女子80mハードルで依田が5位

10月19日、国立競技場で女子80mハードルの決勝がおこなわれ、10秒６の日本記録をだした依田郁子が出場しました。スタート時から第2障害まで、他をわずかにリードしていましたが、次つぎにおいぬかれ、惜しくも5着でゴール。メダルの夢はかないませんでしたが、5位で入賞したことは、女子の陸上トラック競技では戦後初の快挙といえます。

▲80mハードルの依田郁子（右）　(PK)

選手入りみだれ歓喜の閉会式

10月24日午後5時35分、15日間のすべての日程をおえて、国立競技場で閉会式がおこなわれました。ギリシャ、日本、メキシコの国旗があげられ、ブランデージIOC会長が閉会宣言をおこないました。つづいて各国の国旗をかかげた旗手が入場。最後尾の日本の旗手が入場すると、そのあとから各国の選手団が隊列をくんで声をあげながら押しよせて、日本の旗手をつとめていた競泳の福井誠を肩車しました。各国選手団が入りみだれ、肩をくみあい、はしゃぎながら、お祭り気分で入場しました。平和の祭典にふさわしく、世界が一体となった感動の閉会式が演出されたのです。

聖火の明りが消えていき、フィールドの形にそって松明がともされ、『ホタルの光』の合唱とともに、「サヨナラ」「メキシコ」の文字が電光掲示盤にあらわれ、閉会式が終了しました。

◀「サヨナラ」の文字がうかびあがる　(PK)

○日本のメダル獲得数（東京大会）

競技名	金	銀	銅
体操	5	4	1
レスリング	5		1
柔道	3	1	
重量挙げ	1		2
バレーボール	1		1
ボクシング	1		
陸上競技			1
競泳			1
射撃			1
計	16	5	8

◀閉会式の選手たちの入場
各国の選手たちが入りみだれて入場し、一体感を楽しんだ。(PK)

パラリンピック東京大会開催

オリンピックの閉会式がおわって2週間後の11月8日、代々木オリンピック選手村の織田フィールドで、車いす使用者によるパラリンピック、国際ストーク・マンデビル大会の開会式がおこなわれました。

開会式では小中学生100人による太鼓の行進、陸上自衛隊音楽隊の行進につづいて、車いすの選手団が入場。イギリス、アルゼンチン、オーストラリアなど21か国の選手および役員ら約570人が入場しました。開会宣言、会長挨拶、グットマン博士のあいさつ、大会名誉総裁の皇太子殿下のおことば、選手宣誓などとつづいて、開会式は終了。午後から陸上競技が始まり、12日までにフェンシング、アーチェリー、

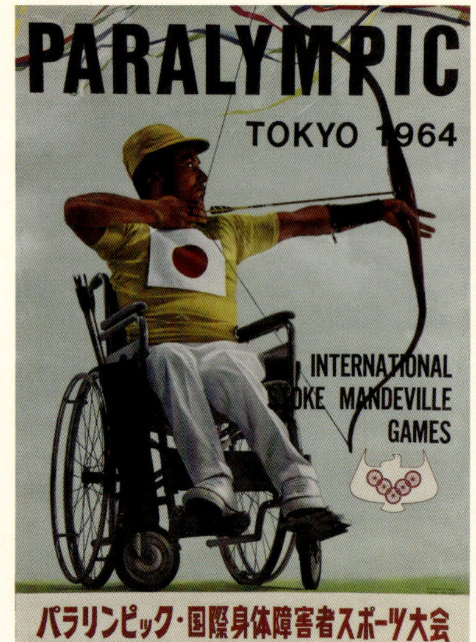

▲パラリンピック・国際身体障害者スポーツ大会のポスター

▲パラリンピック東京大会の開会式　東京・代々木の織田フィールドでおこなわれた。(PK)

人物ピックアップ

ルートヴィッヒ・グットマン(1899〜1980年)

パラリンピック生みの親

ドイツ生まれのユダヤ人で、脊髄損傷の専門医。ドイツでヒトラーの迫害をのがれて、イギリスに亡命しました。1944年、ロンドンの郊外にあるストーク・マンデビル病院の国立脊髄損傷センターの所長となり、戦争で負傷した兵士たちの治療やリハビリテーションにあたりました。

かれらの精神的・身体的なリハビリにスポーツは最適と考えたグットマンは、「失ったものを数えるな。残されたものを最大限いかせ」ということばを患者にかけて、車いすでポロや卓球、バスケットボールなどをさせました。

1948年のロンドンオリンピックの開会式の日、病院で車いす患者によるアーチェリー大会を開きました。その後、この大会は国際的な大会へと広がり、1960年のローマオリンピックのあとに、同地で国際ストーク・マンデビル大会(第1回パラリンピック)を開きました。

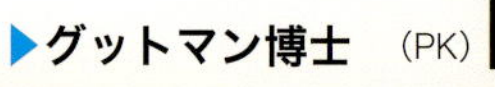

▶グットマン博士　(PK)

水泳、卓球など9競技がおこなわれました。メダル獲得数の1位はアメリカで金メダル50、銀メダル41、銅メダル32。日本は53人が出場し、金メダル1、銀メダル5、銅メダル4で、全体で13位という結果に終わりました。

この東京大会では、下半身まひを意味する「パラプレジア」とオリンピックをあわせて、「パラリンピック」という造語が使われました。

13日からひきつづき第二部の国内大会が開かれました。東京大会ではそれまでの車いす選手だけでなく、視覚や聴覚の障がい者にも開かれた大会にしようと、第二部は国内のすべての障がい者にむけた身体障がい者スポーツ大会となったのです。日本人481人のほか西ドイツの選手6人も参加。陸上競技につづいて卓球、水泳などの競技がおこなわれ、14日に閉会式をむかえました。

日本でもこれまで家に引きこもりがちだった障がい者が、積極的に社会に進出しようという契機になったといえます。

▲車いすバスケットボールの試合　(PK)

◀▲パラリンピック東京大会のパンフレット　(PK)

人物ピックアップ

中村裕(1927〜1984年)

日本の障がい者スポーツを発展させた

大分県別府市生まれ。国立別府病院で医師をしていた1960年、障がい者が社会復帰しているイギリスの医療を調査するため、ストーク・マンデビル病院に留学しました。グットマン博士のもとでスポーツがリハビリテーションにもたらす効果について学びました。

帰国後、障がい者スポーツの普及をめざし、1961年、第1回大分県身体障害者体育大会を開催。「障がい者を見世物にするな」などの非難を受けましたが、1962年、イギリスで開かれたストーク・マンデビル大会に、2人の選手を出場させました。このニュースが大きく報道され、障がい者スポーツに対する社会の認識も変わり、東京大会実現にむけて大きく前進しました。

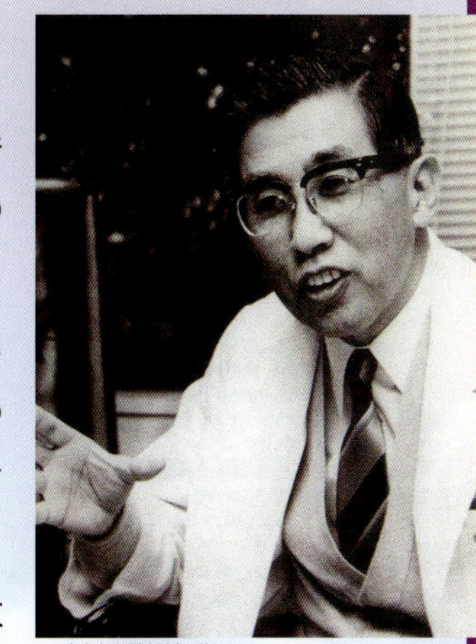

▲中村裕博士　(PK)

パラリンピック東京大会では選手団長をつとめ、これを成功に導きました。そして1965年、障がい者にはたらく機会をつくるため「太陽の家」を設立。障がい者の社会参加への道を開きました。

記録映画『東京オリンピック』の制作

1964(昭和39)年2月、東京オリンピックの記録映画の総監督に、『ビルマの竪琴』などの映画監督で知られる市川崑が決定しました。和田夏十、谷川俊太郎らと脚本にとりかかり、テーマ音楽は黛敏郎に依頼しました。

カメラはオリンピック前の変貌する東京のようすや、オリンピアの採火式から始まる聖火リレーをおい、開会式には国立競技場の内外に54台のカメラを設置して撮影しました。以後、各競技の撮影に入り、カメラ103台、スタッフ556人がかかわり、選手の皮膚のつや、筋肉の動き、目や口元の表情をとらえ、内面の動きにまでせまるシーンを撮りつづけました。

1965年3月20日に公開されると、前例のないヒットとなり、1950万人の観客を記録しました。カンヌ国際映画祭で国際批評家賞を受賞するなど、海外でも高い評価をえました。

▲国立競技場で撮影中の市川崑監督　(朝日新聞社)

▲映画『東京オリンピック』のポスター　(昭和館)

▲映画『東京オリンピック』のパンフレット　(昭和館)

人物ピックアップ　フリーカメラマン岸本健(1938年~)

オリンピックを撮りつづける人生のスタート

北海道遠軽町生まれ。カメラマンをめざし上京し、デパートの写真室の仕事につきましたが、スポーツに関心をもち、スポーツ写真をとっている写真家に弟子入りしました。東京オリンピックが近づくと、選手たちの必死に努力している姿を撮りたいとフリーカメラマンに転身。新聞社やテレビ局のカメラマンがもっている取材カードがないため、まず選手村で発行する新聞のカメラマンになり、選手村に自由に出入りし、8ミリカメラをのぞくチャスラフスカや、家族とくつろぐアベベ、散髪をするヘーシンクなど、競技場では見られない選手の素顔を写しました。その後も、各競技の関係者に依頼し練習場や競技場のパスや入場券を取得、競技以外にも選手たちが試合の前後に見せる何気ない仕草を撮るよう心がけました。

▲岸本健　左はチャスラフスカ(PK)

最後に閉会式や新宿御苑のさよならパーティを取材。選手たちが肩をくみ歓談するようすを撮っているうちに、「次はメキシコ」と目標が定まりました。このとき岸本は26歳。写真家集団フォート・キシモトを設立し、以来、夏と冬のオリンピックを撮り続けました。

公式報告書や出版物の刊行

オリンピック東京大会組織委員会は、東京オリンピックの準備段階から、関連施設の建築の概要、すべての競技の詳細などを記した公式報告書を作成し、1966年7月に刊行しました。ここには写真や図面なども多数掲載されていて、貴重な資料となっています。

ほかにも、新聞社や出版社が写真集などを刊行し、世紀の祭典の感動の記録を後世に伝えています。

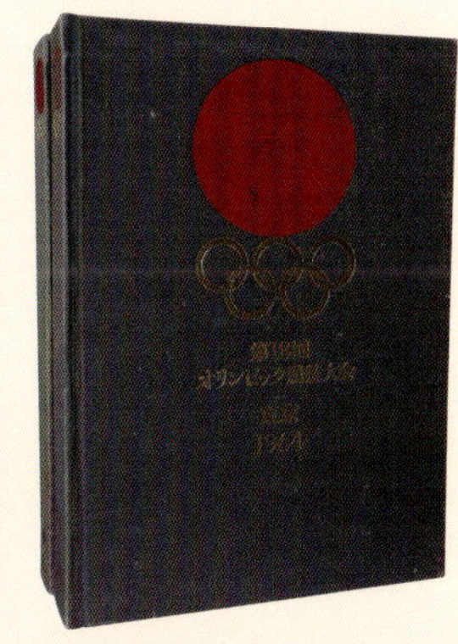

▶『第十八回オリンピック競技大会公式報告書』上下2巻　ともに700ページ前後の大冊。装丁：原弘

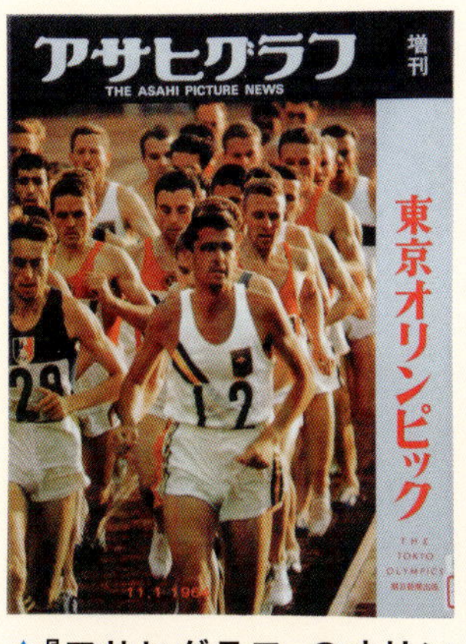

▲『アサヒグラフ』のオリンピック特集号　朝日新聞社刊

▲『毎日グラフ』のオリンピック特集号　毎日新聞社刊（PK）

▲オリンピック東京大会の絵葉書　（昭和館）

五輪まめ知識　オリンピック関係の資料館

秩父宮記念スポーツ博物館・図書館

スキーやボート、登山などのスポーツに親しまれ、多くの競技大会の総裁などをつとめた秩父宮雍仁殿下（1902～1953年）を記念して、1959年、国立競技場内に開設されました。総合スポーツ博物館として、あらゆるスポーツ関係の資料を集め、保存、公開してきました。併設の図書館では、スポーツに関する書籍や雑誌などをそろえています。

（秩父宮記念スポーツ博物館）

2014年5月から長期休館中。国内各地で巡回展示をおこなっています。

駒沢オリンピック公園総合運動場

東京オリンピックメモリアルギャラリーでは、オリンピック東京大会を中心に、名場面や名選手、公式ユニフォームやジャージ、バッジや賞状、盾など、大会の関連資料が展示されています。体験・体感できるゾーンもあり、聖火リレーのトーチなど直接手にふれ、用具の重さや高さ、競技の記録などを実感できます。

◀東京オリンピックメモリアルギャラリー（駒沢オリンピック公園総合運動場）

第14回ロンドン大会(1948年)

(PK)

開催国：イギリス
期間：7月29日〜8月14日
参加国・地域：59
参加選手数：4104
競技数：19
種目数：136

1936年のベルリン大会以来、12年ぶりのオリンピック。第二次世界大戦であれはてたロンドンに、参加国が食糧や資材などを送り、開催できた。敗戦国の日本とドイツの参加はみとめられなかった。オランダの陸上選手クン夫人は2人の子持ちながら、陸上女子100m、80mハードル、200m、400mリレーで4冠を達成し、注目された。競泳は男女ともアメリカが独占。戦後3年目で、平和の祭典を実感したオリンピックだった。

●メダル獲得数ベスト5

	国	金	銀	銅	計
1位	アメリカ	38	27	19	84
2位	スウェーデン	16	11	17	44
3位	フランス	10	6	13	29
4位	ハンガリー	10	5	12	27
5位	イタリア	8	12	9	29

第15回ヘルシンキ大会(1952年)

(PK)

開催国：フィンランド
期間：7月19日〜8月3日
参加国・地域：69
参加選手数：4955(72)
競技数：18
種目数：149
( )内は日本

中華人民共和国が初参加したため中華民国(台湾)は参加をとりやめた。ソ連は初参加で、メダル獲得数2位にくいこんだ。日本も戦後初の参加。競泳、体操、レスリングなどでメダルを獲得した。「人間機関車」とよばれたチェコスロバキアのザトペックが陸上5000m、10000m、マラソンの長距離3種目で金メダルを獲得。妻のダナ・ザトペコワは槍投げで優勝した。

●メダル獲得数ベスト5

	国	金	銀	銅	計
1位	アメリカ	40	19	17	76
2位	ソ連	22	30	19	71
3位	ハンガリー	16	10	16	42
4位	スウェーデン	12	13	10	35
5位	イタリア	8	9	4	21
17位	日本	1	6	2	9

第16回メルボルン大会(1956年)

(PK)

開催国：オーストラリア
期間：11月22日〜12月8日
参加国・地域：67
参加選手数：3314(117)
競技数：17(+1)
種目数：151
( )内は日本
+1はストックホルムの馬術

南半球ではじめての開催となったが、馬術のみスウェーデンのストックホルムでおこなった。中国は台湾との問題で、エジプト、スイス、オランダ、スペインなどはハンガリー動乱の影響で参加をボイコット。オーストラリアはベティ・カスバートが陸上女子短距離で金メダル3個、競泳女子自由形でドーン・フレイザーが金メダル2個と銀メダル1個、競泳男子自由形でマレー・ローズが金メダル3個をとるなど活躍。日本は競泳、体操、レスリングなどでメダルを獲得した。

●メダル獲得数ベスト5

	国	金	銀	銅	計
1位	ソ連	37	29	32	98
2位	アメリカ	32	25	17	74
3位	オーストラリア	13	8	14	35
4位	ハンガリー	9	10	7	26
5位	イタリア	8	8	9	25
10位	日本	4	10	5	19

第17回ローマ大会(1960年)

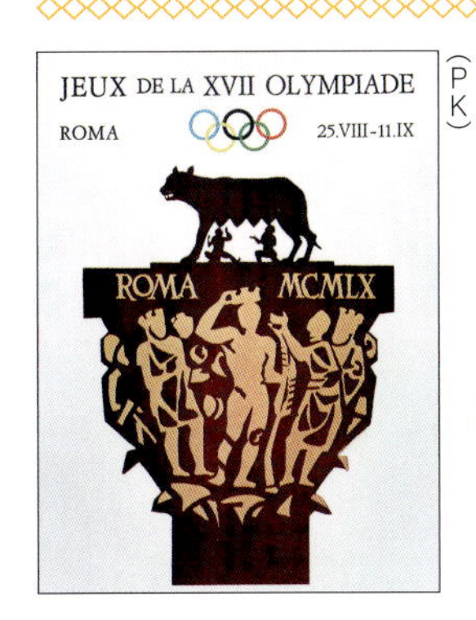

(PK)

開催国：イタリア
期間：8月25日〜9月11日
参加国・地域：83
参加選手数：5338(167)
競技数：18
種目数：150　（　）内は日本

新たに建てられたメインスタジアムやプールのほか、古代ローマの時代の歴史的な遺跡や建造物が競技場として使われた。マラソンではエチオピアのアベベがはだしで走って優勝。アフリカの選手初の金メダルだった。アメリカの陸上女子短距離走のウィルマ・ルドルフは幼いころ小児麻痺にかかり歩けなくなったが、それを克服して100m、200m、400mリレーの3種目で金メダルをとった。

日本は体操で大活躍、4個の金メダルを獲得した。競泳ではアメリカとオーストラリアがせり合う中、日本も銀メダル3個、銅メダル2個と健闘した。

自転車競技に出場したデンマークの選手が途中でたおれて死亡したことから、筋力を高める薬物を使ったことがわかり、以後、ドーピング防止対策がとられるようになった。

●メダル獲得数ベスト5

	国	金	銀	銅	計
1位	ソ連	43	29	31	103
2位	アメリカ	34	21	16	71
3位	イタリア	13	10	13	36
4位	東西統一ドイツ	12	19	11	42
5位	オーストラリア	8	8	6	22
8位	日本	4	7	7	18

第18回東京大会(1964年)

(PK)

開催国：日本
期間：10月10日〜24日
参加国・地域：93
参加選手数：5152(355)
競技数：20
種目数：163　（　）内は日本

アジアではじめて開かれたオリンピック。大会のようすは人工衛星をつかったテレビ中継で、世界中へおくられ、敗戦から見事に復帰した日本の姿を世界中にアピールする舞台となった。エチオピアのアベベがマラソンで、ローマにつづいて2連覇をはたした。チェコスロバキアのチャスラフスカが体操女子で3種目の金メダルを獲得、優美な演技は「オリンピックの名花」とたたえられた。

陸上男子100mは、「黒い弾丸」「黒い旋風」などとよばれたアメリカのボブ・ヘイズが10秒0の新記録を出し、準決勝では追い風のため参考記録となったが、9秒9を記録、10秒の壁をやぶる俊足を見せた。男子棒高跳びではアメリカとドイツの選手が9時間にわたる戦いをつづけ、アメリカのハンセンが5m10をクリアして優勝。競泳ではアメリカのドン・ショランダー(18歳)が男子100mと400mの自由形、400mと800mのフリーリレーで4冠を達成した。競泳女子ではオーストラリアのドーン・フレイザーが100m自由形で、メルボルン、ローマに続く3大会で金メダルを獲得し、「水の女王」とよばれた。

▲アメリカの陸上選手
ボブ・ヘイズ　(PK)

日本勢はレスリング、柔道、体操、重量挙げ、バレーボールなどであわせて16個の金メダルを獲得し、大躍進をはたした。

●メダル獲得数ベスト5

	国	金	銀	銅	計
1位	アメリカ	36	26	28	90
2位	ソ連	30	31	35	96
3位	日本	16	5	8	29
4位	東西統一ドイツ	10	22	18	50
5位	イタリア	10	10	7	27

＊メダル獲得数は、"The Complete Book of the Olympics" 2012Edition(Aurum Press Ltd)、およびIOCのホームページなどを参考にして作成。
さまざまな事情で数が変わる可能性があります。

さくいん

あ行

か行

さ行

た行

な行

は行

ま行

や行

ら・わ行

●監修　日本オリンピック・アカデミー

正式名称は「特定非営利活動法人日本オリンピック・アカデミー」。英語では「Japan Olympic Academy」、略称としてJOA(ジェイ・オー・エー)とも呼ばれる。ギリシャに本部を持つ国際オリンピック・アカデミー(IOA)を頂点とした、世界各地にある国内アカデミーのひとつで、1978年に設立された。オリンピックの思想・歴史・文化、また医学・生理学的な側面の研究や、オリンピック・ムーブメントなど、競技だけではない様々な面から関心を持つメンバーで構成されている。JOAの目的は、オリンピック憲章の理念に則った、オリンピックやスポーツの研究、教育、それらを通じた「オリンピズムの普及と浸透」。そのために数多くの事業に取り組んでいる。

●企画・編集　岩崎書店　編集部

●構成・執筆　オフィス・ゆう(吉田忠正)

●装丁・本文デザイン　株式会社ダイアートプランニング

●地図・イラスト　青江隆一朗　野田祐一

●特別協力　佐野慎輔(JOA)　大野益弘(JOA)

●協力　真田 久　松原茂章

●写真資料／提供・協力

朝日新聞社　学校図書株式会社　共同通信社　講談社　国立国会図書館　駒沢オリンピック公園総合運動場　小学館　昭和館　スポーツ庁　誠文堂新光社　秩父宮記念スポーツ博物館　手塚プロダクション・虫プロダクション　独立行政法人造幣局　中村調理製菓専門学校　日本音楽著作権協会　PPS通信社　広島平和記念資料館　フォート・キシモト(PK)　ホテルニューオータニ　毎日新聞社　文部科学省

〔参考文献〕
オリンピック東京大会組織委員会編『第十八回オリンピック競技大会公式報告書』
佐藤次郎著『東京五輪1964』(文春新書)
日本オリンピック・アカデミー編著『JOAオリンピック小事典』(メディアパル)
野地秩嘉著『TOKYOオリンピック物語』(小学館文庫)
波多野勝著『東京オリンピックへの遥かな道』(草思社)
藤田紀昭著『パラリンピックの楽しみ方』(小学館)
ブルーガイド編集部編『地図と写真で見る東京オリンピック1964』(実業之日本社)

3つの東京オリンピックを大研究②

1964年
はじめての東京オリンピック　NDC780

2018年1月31日　第1刷発行

監修　日本オリンピック・アカデミー
企画・編集　岩崎書店　編集部
発行者　岩崎夏海　編集担当　鹿島 篤
発行所　株式会社　岩崎書店
〒112-0005　東京都文京区水道1-9-2
電話　03-3813-5526(編集)　03-3812-9131(営業)
振替　00170-5-96822
印刷所　大日本印刷株式会社
製本所　株式会社若林製本工場

56p　29cm×22cm
Published by IWASAKI Publishing Co.,Ltd.　Printed in Japan.　ISBN978-4-265-08573-6
岩崎書店ホームページ　http://www.iwasakishoten.co.jp
ご意見ご感想をお寄せ下さい。E-mail hiroba@iwasakishoten.co.jp

3つの東京オリンピックを大研究

監修：日本オリンピック・アカデミー　**全3巻**

① 1940年
まぼろしの東京オリンピック

② 1964年
はじめての東京オリンピック

③ 2020年
東京オリンピック・パラリンピック

岩崎書店

近代オリンピック・パラリンピックの歩み

年	夏季大会	日本と世界のできごと
1894	パリでオリンピック開催会議。	日清戦争(1894～1895年)
1896	第１回オリンピック(アテネ)	
1900	第２回オリンピック(パリ)　※女子選手がはじめて参加。	パリ万国博覧会が開かれる。
1903		ライト兄弟が初の動力飛行に成功。
1904	第３回オリンピック(セントルイス)	日露戦争(1904～1905年)
1905		早稲田大学野球部、アメリカへ遠征。
1908	第４回オリンピック(ロンドン)	
1912	第５回オリンピック(ストックホルム)　※日本人選手がはじめて参加。	明治天皇が亡くなる。年号は「大正」に。
1914		第一次世界大戦(1914～1918年)
1916	第６回オリンピック・ベルリン大会は第一次世界大戦のため中止。	
1920	第７回オリンピック(アントワープ)	国際連盟が発足。第１回箱根駅伝が開催。
1923		関東大震災が起こる。
1924	第８回オリンピック(パリ)	甲子園球場が完成。
1925		ラジオ放送が始まる。
1926		大正天皇が亡くなる。年号は「昭和」に。
1928	第９回オリンピック(アムステルダム)	
1929		世界恐慌が起こる。
1930		サッカーの第1回ワールドカップ開催。
1931		満州事変が起こる。
1932	第10回オリンピック(ロサンゼルス)	五・一五事件が起こる。
1933		日本、国際連盟を脱退。
1936	第11回オリンピック(ベルリン)　※東京オリンピック開催(1940年)が決定。	二・二六事件が起こる。
1937		日中戦争(1937～1945年)
1938		国家総動員法が出される。
1939		第二次世界大戦(1939～1945年)
1940	第12回オリンピック東京大会は日中戦争のため返上。 ヘルシンキ大会(フィンランド)は中止。	
1941		アジア・太平洋戦争(1941～1945年)
1944	第13回オリンピック(ロンドン)は中止。	
1945		広島・長崎に原子爆弾が投下される。 日本が無条件降伏。国際連合が発足。
1946		日本国憲法が公布。
1948	第14回オリンピック(ロンドン)　※敗戦国の日本は招待されなかった。	ソ連がドイツのベルリンを封鎖する。
1950		朝鮮戦争(1950～1953年)
1951		サンフランシスコ平和条約に調印。
1952	第15回オリンピック(ヘルシンキ)　※日本が戦後初参加。	